社区治理的理论与模式创新研究

韩　伟　著

延边大学出版社

图书在版编目（CIP）数据

社区治理的理论与模式创新研究 / 韩伟著. -- 延吉：延边大学出版社，2022.8
ISBN 978-7-230-03613-9

Ⅰ. ①社… Ⅱ. ①韩… Ⅲ. ①社区管理－研究－中国 Ⅳ. ①D669.3

中国版本图书馆CIP数据核字(2022)第144632号

社区治理的理论与模式创新研究

著　　者：韩　伟
责任编辑：郑明昱
封面设计：正合文化
出版发行：延边大学出版社
社　　址：吉林省延吉市公园路977号　　邮　　编：133002
网　　址：http://www.ydcbs.com　　E-mail：ydcbs@ydcbs.com
电　　话：0433-2732435　　传　　真：0433-2732434
印　　刷：北京宝莲鸿图科技有限公司
开　　本：787×1092　1/16
印　　张：10
字　　数：200 千字
版　　次：2022 年 8 月 第 1 版
印　　次：2022 年 8 月 第 1 次印刷
书　　号：ISBN 978-7-230-03613-9

定价：68.00元

前　言

目前，我国经济社会高速发展，在该背景下改进基层社区治理体系，成为社会各界普遍重视的问题。其中，从我国城市社区治理运行机制建设现状出发，制定构建城市社区治理体系的策略，是很多城市社区居民重点关注的问题。

在优化城市社区治理理念的过程中，相关单位一定要转变治理理念，尤其要对城市社区治理举措的主导理念进行合理分析，为优化设计城市社区治理体系提供必要支持。

首先，对传统城市社区治理工作中的刚性思维进行局限性分析，总结影响社区治理工作质量的因素，改进城市社区治理的方案和举措，以更好地满足贯彻城市社区治理理念的需要。城市社区治理体系的建设人员必须关注民主力量，尤其要对影响城市社区构建和运行的思想进行创新性考察，使民主理念可以在城市社区治理过程中发挥更大的价值，全面满足新时期社区居民的主体需要。

其次，加强对社区治理相关工作模式的研究，尤其要贯彻应用符合新时期社区居民实际需要的治理理念，以有效实施满足城市社区治理体系建设需求的措施，保障城市治理主体的生存空间，促进各类社会组织发展。

最后，加强对城市治理工作实际运行情况的研究，尤其要分析符合外部经验借鉴工作具体推进需求的举措，以合理设计城市社区治理体系改良方案，进而保证外部经验借鉴工作可以与城市社区治理的具体工作紧密结合，充分开发外部经验借鉴工作的指导性价值。

实现对城市社区治理运行机制的有效创新，可以优化城市社会治理体系的建设质量。基于此，本书主要针对我国城市社区治理体系的建设现状进行分析，并制定改进社区治理运行机制的具体策略，旨在为相关研究提供参考。

韩伟

2022 年 5 月

目　　录

第一章　社区与社区治理

第一节　社区的定义、主体与类型

党的十七届六中全会明确了我国文化建设的发展目标和基本路径，这标志着我国的文化改革与发展进入了沿着中国特色社会主义文化发展道路、以社会主义核心价值体系为内涵的社会主义文化强国的全面建设时期。党的十七届六中全会提出，满足人民基本文化需求是社会主义文化建设的基本任务。发展文化事业必须坚持以政府为主导，加强文化基础设施建设，完善公共文化服务网络，让群众广泛享有免费或优惠的基本公共文化服务，要构建公共文化服务体系，发展现代传播体系，建设优秀传统文化传承体系，必须为全党和全体公民指明文化建设发展的前进方向。因此，在文化改革与发展的新时期，对社区的定义、特点与功能进行系统的分析、探讨，对于推动我国社区治理事业的发展、实现社会主义文化强国的战略目标具有极为重要的现实意义。

一、社区的定义

由于理论界对社区的研究角度不同，故而对社区的定义也有不同的界定。国内外学者有关社区的定义很多，归纳起来，包括以下几种观点。

有学者从社区实地研究角度出发，认为文化是社区治理研究的核心，明白了文化，便是了解了社会。文化最简单的定义可以说是某一社区内的居民所形成的生活方式。文化也可以说是一个民族应付环境——物质的、概念的、社会的和精神的环境——的总成绩。有学者认为，社区，是在特定的地域范围内，人们所创造、孕育、形成的人文环境、行为模式和生活方式的总和。也有学者认为，社区指的是特定社会区域当中人们各方面的行为所构成的文化生态系统。它既包括这一区域内人们的生产方式和生活方式，也包括该区域内社会成员的理想追求、价值观念、道德情操、生活习俗、审美方式、娱乐时尚等。还有学者认为，社区是社区居民在长期的共同生活中形成的、为所有居民共享的价值观念、行为规范的总和。

综合上述关于社区的界定，我们试图把社区的定义表述为：社区是指一定区域、一定条件下，由社区成员共同创造的、以适应环境的思想、价值、信仰、物质文化、工艺技术以及行为模式等。社区的内容是丰富多样的，从物质、精神、社会关系、艺术、语言符号、风俗习惯六大子系统来看，社区主要包括以下几方面的内容。

首先，价值观。价值观是指人们对事物或行为的好恶、对错的观念与看法。社会价值观与规范往往影响社会成员的行为。价值观不只是正面的，通常正反两面俱有。人们的情绪往往会影响到价值观的判断。社区组织和群体把现行政治体系认可的政治思想、价值观念、价值规范和行为准则灌输、传授给社区居民，以传承文化、维系社会的运行和发展。

其次，社区规范。社区规范是指社区居民的一套行为准则，提示人们什么可以做，什么不能做；在什么时候做；怎么做；等等。规范是在社会互动中形成的，是社会关系的反映。美国社会学家萨姆纳（William Graham Sumner）认为，规范可以分为两种，第一种是民俗，它是指行为规范里的风俗部分，亦即习俗上的做法。比如，社区居民去拜访别人，习惯上要随身带点礼物，参加婚礼一定要送红包或礼金等都是风俗习惯，也是民俗。第二种是民德，它是指一些影响到社会生存或延续的行为规范。一个社区有时候为了强制执行某种行为或做事的方法，而将之以文字的形式固定下来，这种强制执行的民俗、民德等就成为规章、制度。虽然规章、制度权威相当大，人们对规章、制度也相当畏惧，但是规章、制度有时并不一定就比民俗更能让人们信服。

再次，符号与语言。符号是指那些代表或意指其他事物的表征。书写文字也是代表某种意义或事物的符号。符号与其所代表的事物不一定有关联。同一社区里的人们之所以能够彼此互动沟通，正是因为他们对所使用的符号有共同的认识。社会互动必须借着符号的运用才能进行，所以符号是社区的基本要件。

最后，除了非物质性文化，工艺技术也是社区链条上的重要一环。社会创造物质文化和工艺技术，以维持和改进生活水准及应对自然环境的挑战。物质文化与非物质文化有时候并不能均衡发展，这造成两者间存在差距，美国社会学家奥格本（William F. Ogburn）称之为“文化失调”。在社区发展的实践中，工艺技术往往发展较快，而人们的社会价值体系并未能配合发展，于是文化失调的现象跟着发生。例如：我国很多社区的文化馆、俱乐部、阅览室、录像厅等公共设施基本到位，而管理、使用状况混乱是众所周知的事实，究其原因，如果从文化失调的角度来看就是规章制度的制定已普遍，而居民遵守规章制度的观念却未跟上。

由此可见，社区包括基本相同的价值观念、社区精神、社会规范、行为准则、公众制度、文化环境等，其中价值观是社区的核心。

（一）社区定义的研究思路和方法

美国社会学家希勒里（George A. Jr. Hillery）是社区定义研究领域的先行者之一。1955 年他对所搜集的 94 个社区定义进行的分析研究，为后人的社区定义研究提供了良好的范本和参照。继希勒里之后，美籍华裔学者杨庆堃在 1981 年对当时学界的 140 个社区定义作了辨析研究。这新一阶段的定义分析，更让我们看到了美国、欧洲学界的社区定义和社区治理研究的发展和变迁。

本节研究中方法的选择，也受到了希勒里研究方法的影响。为了能更清楚地分析中国社区治理研究自身的演变发展，本节把搜集的研究的范围限定在中国社会学自 20 世纪 80 年代恢复以来至今的时间内。这样更能有效地分离开西方关于社区定义的学术观点，真正获取我国学界关于社区定义的学术观点。

首先，本节采用希勒里的传统研究方法，搜集了身边现有的一些社区治理研究书籍，列出其中的社区定义；再根据这些社区定义研究中所列出的相关参考书目，去图书馆寻找这些书籍，从而得到新的社区定义。其次，本节研究还采取了使用网络学术文献数据库搜索相关社区治理研究论文及其中定义的方法。最后，本文对寻找到的社区定义加以汇总，进行比较分析。

（二）社区定义的构成要素及分类倾向

1.社区定义的搜集情况

按照前文所述方法，最终获得的我国学者自 20 世纪 80 年代至今的社区定义共 26 个。其中通过书籍文献搜集到的定义共 24 个，通过网络文献数据库中论文获取的定义共 2 个。虽然总体数量不多，但这 26 个社区定义的质量和代表性是值得肯定的。定义的来源中一大部分是常见和有代表性的社会学和社区治理研究专著和教材，例如我国学者丁元竹的《社区的基本理论与方法》、社会学家王思斌的《社会学教程》、社会学家郑杭生的《社会学概论新修》等。还有一部分是费孝通、袁方、吴铎等著名社会学家的社区定义。此外，还有一部分是相关辞书中的社区定义和《民政部关于在全国推进城市社区建设的意见》中政府官方给出的社区定义。社区定义来源的可信性和多样性，也保证了本节研究的可行性。而且这 26 个定义是学者对所有社区的抽象概括，涵盖了各种社区应有的特征，因此不存在仅仅指代城市社区和农村社区的情况。

2.社区定义的构成要素

在本节研究中搜集的 26 个定义中，由于作者的研究倾向和分析侧重点不同，定义的内容并不一致。为了更清楚这些社区定义所包含的要素，也为了对定义进行异同比较，本节首先把每个定义拆分成几个主要的关键词，即社区定义构成要素。

把定义包含的要素进行归类统计后，发现 26 个定义共涉及 8 个要素，数据具体见下表 1-1。

表 1-1　从社区定义看社区的构成要素

社区定义构成要素	包含此要素的定义数（个）	%
地域空间	26	100
人口构成	25	96.15
制度结构（即人际群体的关系结构）	13	50
人际、群体互动	11	42.31
共同社会心理（如价值观、认同感）	8	30.77
共同文化	5	19.23
共同生活	5	19.23
共同人口特征	3	11.54

3.社区定义的分类倾向

第一，广义与狭义。从广义的社区定义来看，某种程度上社区就等同于社会。但本节研究的 26 个定义从总体上来看与社会的概念有着明显的区分。首先，这些社区概念中都时常出现如下的限定短语：“在一定的地域内”“由一定数量的居民组成”。这些短语对空间和人口数量进行了限定，这与社会的概念明显作了区别。其次，费孝通、吴文藻等社会学大师都认为社区是社会的缩影，社区是有空间界限的，这也是中国学术界对于社会、社区概念的基本共识。再次，不少定义中尤其强调社区要有人口的同质性特征、社区有着特殊的制度结构，这也更说明这些社区概念更倾向于描述实际、具体的现实社会中的社区，这再次说明了这些概念的狭义倾向。但是不得不承认的是，在这 26 个定义中，也有一部分的社区定义相对宽松，有学者在其定义解释中，直接承认这是为了便于分析讨论。这一现象也表明了我国学术界目前的社区定义多处于一个偏向狭义、但略显宽松的状态。

第二，类型学传统与区位学传统。中国的社区治理研究的理论很大程度上是对西方社区理论的吸收和再造。因此仅仅从定义层面，也能十分清晰地看到西方社区治理研究两大代表性学派“类型学”与“区位学”的痕迹。虽然这两大社区治理研究传统本身就对社区定义进行了明显的区分，也一直是西方社区定义分类的重要标准之一，但是对于我国学界的社区定义来讲，这种绝对的二元区分是不存在的。类型学社区治理研究，强调将社区看作一种社会关系，例如人们由于共同的目标或利益，而相互聚集共同生活。而区位学社区治理研究，更侧重于社区的地域空间，例如社区有一定的地域空间范围，社区所处地区或空间的大小决定了社区所应承担的功能。中国社区治理研究者在继承学习了两大传统的同时，并没有将这两个对立的观点直接用于中国社区治理研究中，而是取长补短，综合吸收了两大学派论述中的可取之处，并结合中国社区的实情，给出了这 26 个社区定义，即社区既包含一定的地区空间，同时也包含社区内的人际、人群组织关系结构。

第三，重点要素侧重型定义和要素综合概括型定义。中国学术界的定义与西方的定义往往有着显著的差别，那就是定义本身涵盖的内容的多少。西方的研究往往侧重于该物质本身最有代表性的一个或少数要素来下定义。而我国学术界却更喜欢用涵盖要素较为宽泛的综合叙述性的语句来给事物下定义。这一点也同样体现在了我国的社区定义上。

第四，从社区定义要素内容看社区定义分类。从 26 个定义所涉及要素的内容来看，有 25 个定义含有“地域空间”和“人口构成”要素。这表明这两个要素之外的其他要素从本质上区分了社区定义的不同取向。但事实上不少定义都交叉含有除“地域空间”和“人口构成”外的两个或更多的要素。

此外，仔细分析社区定义的剩下 6 个要素，在差异性之外也能找到它们的共性。人际、群体互动和制度结构，两者本身有着密切的关系，前者是互动的过程，而后者则是互动的结果。因此笔者在分析中，先把这两者归为一类，即社会互动的过程和结果。而共同人口特征、共同文化、共同生活、共同社会心理，它们之间也有着从属或并列的关系。共同人口特征，其实指的便是人口的同质性，其包含了人群的共同文化、生活和社会心理。在此，笔者把这剩余的 4 项要素同样归为另一大类，即共同人口特征。

（三）社区定义的同与异

1.社区定义的一致性

本节研究搜集的 26 个我国学术界的社区定义，其中最大的一致性是社区定义中普遍包含“地域空间”和“人口构成”两大要素。由此可见我国社区治理研究中的社区概念肯定了社区的空间维度和人群构成。

除上述所述的社区定义在“地域空间”和“人口构成”要素上达成的一致外，如把本节研究的社区定义中的其他 6 个剩余的要素分为两大类来看的话，这 6 个剩余的要素可以分为社会互动过程结果类要素和共同人口特征类要素。而且除去“地域空间”和“人口构成”这两个共有要素外，26 个定义中有超过半数的定义同时含有社会互动过程结果类要素和共同人口特征类要素，所以这两大类要素也应被视为社区定义中的普遍要素。

因此，通过本节的分析研究可知，“地域空间”“人口构成”正是我国学术界社区定义的一致性所在。同时社会互动过程结果类要素和共同人口特征类要素也可被视为社区定义中相对普遍的要素。

2.社区定义的异质性

严格来说，除“地域空间”和“人口构成”以外的要素，都应被视为社区定义的异质性所在。但是此处更应关注的是更为明显的异质性。因此将社会互动过程结果类要素和共同人口特征类要素拆分为原本互不相同的 6 个要素来看待社区定义，这便是社区定义异质性的最大体现。定义的异质性既反映了学者的不同研究思路和倾向，也反映了如今学术界对一些社区具体要素是否具有普遍性的争议现状。

例如，从含有共同人口特征类要素的定义来看，其定义的异质性体现在对于共同生活、共同文化和共同社会心理要素的区分。然而联系社区实例来看，共同人口特征的各细分要素的代表性确实有可以肯定和质疑的两方面。如社区人口的“共同生活”貌似是所有社区应有的特征。同一社区的人群必定居住于同一空间中，在日常生活中或多或少会相遇或互动。但是有些群体，如工作人群，他们平时早出晚归，与同一社区中的人接触时间很少，大部分时间被用来与公司同事和家人相处。此类群体能够被认为是参与社区共同生活的社区成员吗？还有，如今一些社区中的外来流动人口，如外来务工人员、学生等群体，他们在一个社区的居住时间相对较短，与原本的居民接触和认识程度都有限，几乎不可能与他们形成互动，这种现象也能被称作与其他居民共同生活吗？社区流动人口的例子，同样也适用于说明“共同社会心理”和“共同文化”要素的普遍性存在着争议。上述分析表明如今学术界各类观点并不能拿出绝对性的理由来证明某一个或多个共同人口特征要素对于社区而言是普遍存在的。

对社会互动过程结果类要素进行区别分析的话，也可以得到同样的结果，目前学者们无法拿出充分的理由来证明是互动本身还是互动形成的关系结构更能准确地代表社区以及其本身的绝对普遍性存在。

因此，本节所分析的 26 个我国学术界的社区定义，其本身除了达成共识、一致性的“地域空间”“人口构成”要素，还存在着其他各有侧重的 6 个要素，这说明了社区定义本身的复杂性和异质性。由此可见，在今后很长时间内，“何为社区”仍将成为我国社区治理研究最重要的命题之一。

二、社区的主体

在我国，社区建设是在中国共产党领导下，由政府、社区组织和社区成员在政治、经济、文化三个层面互动的过程。因此，从和谐社会的要求及我国社区建设的实践来看，和谐社区建设的主体应包括：

中国共产党基层组织应发挥服务群众、凝聚人心的作用，其地位是领导主体。

政府担任和谐社区建设的宏观决策主体。政府在社区建设中的作用无可替代。政府既要发挥好社区建设的启动作用，又要发挥好对社区建设的组织、协调作用，还要发挥好对社区建设的宏观指导作用和培育社区民间组织的作用。政府要在党的领导下，发挥自身的组织与资源优势，在社区组织与社区成员的参与下，共同推进社区的建设与发展，以达到有效治理社区的目的。

社区组织包括社区居民委员自治组织和社区民间组织，是和谐社区建设的微观实施主体。一方面政府的宏观决策要通过社区组织这个微观实施主体去执行，另一方面社区公民的集体意志通过社区自治组织得以实现，从而达到有效管理社区公共事务的目的，在社区层面实现国家权力与公民权利的互动。与此同时，从政府转移出来的大量公共服务的职能需要社区组织来承接，社区的公共管理行为既有社区社会事务的管理又有与此相关的政治事务的管理，既有市场行为如专业化的社区服务机构的有偿服务，又有非市场行为如社区民间组织的公益性服务等。这一切都需要社区组织这一微观主体来具体实施。

社区居民是根本主体。随着改革的深入，政府从“全域”政府向“有限”政府转变，“公域”与“私域”开始分化。多元利益群体自主性的增强和其通过自治性的管理来实现利益需求的愿望，是推动社区居民参与社区事务的动力，社区民众参与意识和民主意识的逐步增强，是推动社区建设与发展的主要力量。应该说没有社区居民的广泛参与，社区民主自治就无法实现，社区发展就难以为继。

我国当前社区建设四重主体的框架正在形成，且四重主体之间的权责互动也处在磨合阶段。武汉市建立了政府与社区互动的社区管理体制，从社区建设“883 行动计划”推进伊始，就坚持协调社会各方积极参与，努力建立党委政府领导、民政部门牵头、有关部门配合、社会力量支持、群众广泛参与的社区建设工作运行机制，调动四方主体的积极因素，重点解决转型期就业与再就业问题、城市管理的缺位问题、居民群众的安全和方便居民群众生活的问题，取得了全国瞩目的成效。尤其是“四到社区”的新思路，在协调政府主体与社区组织主体的关系上发挥有益的作用。在此基础上，武汉市积极探索充分发挥社区居民这一根本主体作用的路径，扩大居民有序的社区参与，以进一步提升社区民主自治的功能，为构建和谐社区创造积极的条件。

三、社区的类型

对社区的研究起源于欧洲，在美国得到了充分的发展，并进入兴盛时期（20 世纪 20~50 年代），后来，又经历了一个衰落与复兴的过程。在这整个研究过程中，对社区类型的划分一直是许多学者的研究重点。概括起来，社区大致可以分为农村社区、城市社区、中介社区和虚拟社区等几种类型。

（一）农村社区和城市社区

早期的社会学家，包括滕尼斯（Ferdinand Tönnies）、韦伯（Max Weber）、迪尔凯姆（Émile Durkheim）、齐美尔（Georg Simmel）等人，他们关于社区的研究总是将社区划分为农村社区和城市社区两大类，持此种观点的还有美国当代学者路易斯・沃思（Louis Wirth）、雷德菲尔德（Redfield Robert）等。他们关于社区思想的基本见解有一个共同点：在前工业社会，普遍存在小规模的、关系密切的、同质性较强的人群，他们遵守共同的社会规范，有相似的价值观，从事着内容雷同的工作，并且有着基本相同的生活方式，这就是传统的社区；与此相反，在工业社会，城市化的进程使得人们（或一部分人，即现在的城市居民）受到新的经济和社会组织形态的影响，人际交往也发生了新的变化，一些次属关系取代了社区成员与家庭、朋友的首属关系，社会的分化又引起人们的生活方式、价值观的差异，削弱了社会认同感，造成传统社区的存在失去了它原有的基础，因此与之对应的城市社区出现，也被有的学者称为“现代社会”。

德国社会学家滕尼斯对社区治理研究的贡献突出表现在他对社区和社会的分类。他认为，社区中的人们具有强烈的认同感，社会关系的基础是某种自然意愿，包括情感、传统和人们之间的共同联系；而社会中的人们的社会关系是基于某种理性意愿、个人主义和感情中立而构建起来的。也就是说，社会是社区的对立物。但是滕尼斯认为社会和社区都是一种理想类型，是被假设出来的极端的结构，当时他所生活的时代正在朝着现代社会的方向发展，传统社区正在消失。在滕尼斯的概念体系中，社会可视为现代学者所指称的“城市社区”。

德国社会学家韦伯在承认传统社区与现代社会的前提下，提出了“理性化”的概念，他认为传统社区之所以向现代社会转变，原因就是理性化程度的不断提高。传统社区的人类行为是以价值观、感情和传统为基础的，而现代社会的人类行为是一种理性行为，是以功效和回报为基础的。

法国社会学家迪尔凯姆在 1893 年出版的《社会分工论》中，提出了基于传统社区的机械团结和基于现代社会的有机团结。他认为中世纪的欧洲是传统的社区，是由机械团结整合在一起的，而工业革命破坏了这种团结，用有机团结取代了它，个体为了彼此的共同利益结合在一起进行工作。

德国社会学家齐美尔在其著作《大都会与精神生活》中，阐述了现代社会与传统社区之间存在巨大差别的原因。他将现代社会中人们的心理特点归纳为：理性、极强的时间观念、个人主义、对他人的漠然态度等，并且指出理解这种与传统社区不同的心理状态的关键是要认识到货币经济的作用。人际关系的功利化往往伴随着对他人的漠不关心，而金钱变成了所有价值的共同衡量物，所以大都市中的一切都围绕金钱而动。

美国学者沃思在其论文中用人口的数量、居住密度和异质性这三个变量解释现代社会与传统社区之间的区别。他认为以城市为标志的现代社会的本质特征是异质性，人们的行为出现了不同于传统社区的特点，如人际关系的淡化、追求自我的个人化，这必然使得原有的首属关系与社会秩序被打乱，造成“社会失范”或“社会解组”现象。

综上所述，这些学者有关社区的研究有这样一个前提：即承认存在有传统社区与现代社区的类别，而现代学者一般认为传统社区的典型代表是农村社区，城市社区因其现代性的特点往往成为现代社会的典范，对农村社区与城市社区的后继研究进而发展出社会学的两个重要分支——农村社会学与城市社会学。

（二）中介社区

随着城市化的发展，城市社会逐渐取代了传统社区，即城市化引起的社会变迁会导致城市中传统社区的衰败或消失。这种社区消失论逐渐被大量证据表明是过于偏激的，因此西方理论界出现了社区发现论或社区转变论。美国社会学家甘斯（Herbert J. Gans）、费谢尔（Claude S. Fischer）等人通过一系列研究发现，无论是发达国家还是发展中国家的城市中都存在着具有某种凝聚力和归属感的“都市村庄”，这些“村庄”中的成员之间的互动关系既不是前文所述的城市社区的典型的次属关系，也不同于传统的农村社区中的首属关系，甘斯等称这种关系为“准首属关系”。因此，我们可以称这种类型的社区为“中介社区”。

我国社会学界对此也有研究。比如北大社会学系对北京城南“浙江村”的研究就是一个个案。“浙江村”的居民生活方式是相似的，但并不同于它所处的那个城市的多数人，即大多数北京人。而且他们的价值观、利益目标也基本一致，像这种中介社区的成员，其内部有相对频繁的冲突，但他们更强调一致对外的甚至是敌对的态度。所以它既具有传统社区的主要特征，也具有某些现代城市社会的特点。这种中介社区在我国许多大中城市中都不同程度地存在着，像西方国家那样鼓励这些社区内部的自我组织，强调独立的“社区意识”，并向主流社会“争取”自己的权利的做法在我国并不适用。我国对这些社区治理的关键是调整原有的城市社会管理体制，让这些社区在原有的基础上，不断改进，与各自所处的城市社会体系接轨。

（三）虚拟社区

现代科学技术的发展使人类社会进入了一个新时期，无所不在的信息成为当今社会区别于此前社会的重要特征。美国未来学家阿尔文·托夫勒（Alvin Toffier）对人类的未来社会作了种种预测，认为未来社会的形态是信息爆炸、知识成为巨大财富的信息社会。人类社会现有的政治、经济、文化等各方面都将发生质的变化。而电子社区，也称虚拟社区，将逐渐取代传统社区、城市等。

虚拟社区的一个最大特点是不受地域界线的限制，所谓河流、海洋、高山、城墙等，不过是一个单纯的地理名词，不再担任地域边界的作用，甚至连当今意义上的城市社区与农村社区也不过是一个历史概念而已。社区结构被网络重组，“社区”的概念不再受地理限制，不再限于邻里关系，人们在电子空间里通过精神交往形成具有共同归属感的新的联合体。

在信息时代，人们结缘于电脑空间，并且逐渐创造出一种全新的生活方式。在整个地球的社交圈子中，人们根据兴趣、爱好、能力等形成不同的身份群体。正如美国计算机科学家尼古拉斯·尼葛洛庞帝（Nicholas Negroponte）所言："过去，地理位置相近是友谊、合作、游戏和邻里关系等一切的基础，而现在的孩子们则完全不受地理的束缚"。

人们的社会互动方式也发生了变化，面对面的沟通减少，人际沟通间接化，人们通过电子邮件、网络来交流思想、观点，传递感情，人性异化，个人更加注重自我，逃避现实，不愿与人交往，对他人漠不关心，安全感差，人与人之间缺少信任感，等等。

第二节　国外社区治理理论

"社区"是当今中国社会人们十分关心并且经常提及的一个概念。社区作为在某种基础上形成互动关系和认同意识的人群或共同体，引发了国内外理论研究者的浓厚兴趣，也产生了一系列的研究成果，但部分研究者对社区治理的概念内涵、学科寓意及"中国局限"没有达成一致认识，以至于出现了一些研究误区，因此有人将研究者与社区的关系比喻为"盲人"与"象"。从这个意义上说，对社区治理理论的学科寓意与"中国局限"进行分析实有必要。

一、国外社区治理理论的发展历程

社区治理理论发端于西方。一般认为，"社区"这一概念最初是由德国社会学家滕尼斯 1887 年在其著作《共同体与社会》中提出来的，指那些具有某种文化共性的同质人口所组成的亲密的社会利益共同体。在 20 世纪 30 年代初，我国学者费孝通等人将其转译为"社区"。

西方的社会学研究中有两种常见的社区定义，即"一种关系类型"和"一种地域社会"。这两种定义代表着西方学界研究社区的不同理论脉络。

把社区作为"一种关系类型"的思想来源于德国社会学家滕尼斯在《共同体与社会》

一书中的论述。在书中滕尼斯提出与社会相对应的社区这一概念，是为了强调人与人之间所形成的亲密关系和共同的精神意识。滕尼斯在该书中指出，社区和社会是人类群体生活的两种结合类型。前者主要是在建立于自然基础之上的家庭、宗族等群体里形成的，除此之外，它也可能在思想的联合体里形成。从而，社区就有三种基本类型：血缘、地缘和精神。可见，社区是建立在其组成人员之本能、习惯以及与精神有关的共同记忆之上的。与此相反，社会则是一种目的联合体，它的基础是个人以及个人的思想和自由选择意志，社会不是建立在自然的基础之上的，它是次生的。

自滕尼斯提出这一研究路径以来，社区的命运便开始受到人们的关注。在实践上，英国较早开展了社区发展计划。二战以后，在联合国的倡导下，社区发展计划在许多国家实施，并由乡村扩展到城市。学术上，对社区居民归属感、成员共同情感或邻里关系的研究形成了三种不同的理论：社区消失论、社区存在论和社区解放论。

（一）社区消失论

社区消失论的观点可以追溯到滕尼斯、齐美尔等传统社会学者对工业革命和城市化影响的研究。其中最早系统地对城市化和工业化带来的城市人际关系的变化进行研究的是德国社会学学者齐美尔。在《大城市与精神生活》一文中，齐美尔认为，大城市本质上是货币驱使下形成的产物，大城市的运行遵守着货币的内在逻辑，即理性主义原则。在理性主义的驱使下，大城市的生活跟小城镇很不一样，小城镇的生活主要建立在自然而然的情感关系之上，而大城市的生活则建立在理性主义的交往之中。在齐美尔看来，在大城市里，大规模的人口减少了居民之间交往的可能性和间接性，人口规模越大，彼此之间认识和接触的可能性越小，感情也就越生分；而在小群体中，人与人之间的交往几乎都是直接的和密切的，形成紧密接触的可能性也就越大。城市社会的各种刺激也带来了都市生活的紧张感，在高度紧张的生活中，人们为了自我保护和防御，以缓解各种刺激带来的不安定因素，会表现出一种冷漠的态度。

20 世纪 30 年代，沃思发表了经典的《都市作为一种生活方式》一文，文章首次对城市化进行了社会学的定义。沃思认为，从社会学的角度来看，一个城市可以被定义为一个相对较大的、密集的、永久的社会异质性群体，并且人口越多，人口密度越高，社区的异质性越强，城市主义的特征就越突出。城市主义特征越突出，城市社区居民的社会生活方式受到的影响就越大。因此，他将城市居民社会生活方式和人际关系的改变归结于人口数量、居住密度和人口异质性等三大因素。首先，从人口数量方面来看，沃思认为，在一个超过一定限度的社区居住区内，居民的数量将会影响居民之间的关系和他们与城市的关系，并且社区居民数量的增多必然会影响社区中每一个成员认识所有其他人的可能性。他借用齐美尔的话解释道，在传统小镇人数较少的定居点里，居民几乎会遇到每一个人，并将自然地和每一个人产生积极的联系，社区居民处于一种内部紧密联系的状态。而在都市社区，人数的增多和流动导致居民无法稳定地接触到他人，并且城市社区的居民更需要接触组织和团体，而不需要依赖特定的个人。其次，从居住密度方面来看，沃思认为，当面积保持不变而密度增加时，会产生分化和专门化，人口密度的增加导致了人口的多样化，增加了人们的活动，增加了社会结构的复杂性。最后，从人口异质性方面来看，人口异质性对城市居民的人际关系有着决定性的影响，异质性会导致个体根据经济、社会地位和偏好等产生隔离，当大量不同的个体聚集在一起时，人格解体的过程也随之产生，由血缘关系、邻里关系以及民间传统等因素形成的情感将逐渐消失。总而言之，在沃思看来，人口数量、居住密度和人口异质性这三者的改变导致了城市社区之间的人际关系和生活方式的变革。城市社会关系的肤浅性、匿名性和短暂性，也导致城市居民具有可解性和复杂性。人际关系中个体倾向于站在一种功利的关系中，在我们的生活中，每个人所扮演的角色是实现自身目的的一种手段，最后的结果是这种扭曲的人际关系导致了普遍的社会空虚。

尽管消失论学者具体的思想有所不同，但却都普遍认同城市社区共同体已经不复存在的观点。社区消失论的学者们将现代都市人视为孤独的孤立者和原子化的个人，他们独自承受着城市化后社会的冲击。城市化和工业化的发展削弱了社区的主要联系和作用，使得个人原子化特征日益明显，城市化社会带来了社会人口的异质性，人口异质性导致了人们的生活方式和价值认识的差异，结果便是人际关系的弱化和社会认同感的降低，社区共同体的存在失去应有的基础，社区共同体逐渐消失。

（二）社区存在论

随着城市化脚步的加快和社区研究的增加，以齐美尔、沃思等为代表的社区消失论开始逐渐受到质疑，学术界出现一批反对社区消失论的个案研究，这些研究包括怀特（William H. Whyte）的《街角社会》、刘易斯的《未崩溃的城市化》以及甘斯的《城市里的村庄》等。怀特在《街角社会》一书中详细描述了科纳维尔社区通过帮派将社区人联系起来的事实。刘易斯在墨西哥T村对100个当地的家庭进行了跟踪调查和访谈，他指出，墨西哥的城市化与美国城市化的趋势截然相反，墨西哥居民的家庭生活和社区生活依然很好，家庭凝聚力和广泛的家庭纽带在增加，家庭的组成与乡村的模式很相似，居民间的关系依然很牢固，彼此来往的人很多。甘斯通过对美国波士顿的意大利移民社区进行研究后发现，城市社区的衰落并不是由人口数量、居住密度和人口异质性导致的，而是受阶级、种族、家庭文化等的影响导致的。甘斯的研究还证明，尽管经历了城市化和工业化，社区居民之间仍旧保持着亲密的关系，城市社区居民关系呈现出一种准首属关系，而不是所谓的次属关系。这一系列的案例研究说明，即使在大城市的最深处，也存在着大量密切的私人关系。

20世纪70年代开始，社区消失论的观点遭受到了强烈的挑战，其中一个具有重要影响的观点就是费谢尔的亚文化论。所谓的亚文化论是指一群具有很多相似的社会背景、个人背景的人，经过长期的相处，逐渐形成了一种彼此了解并互相接受的社会规范、价值观念、人生态度和生活方式，这种社会规范、价值观念、人生态度与生活方式统称亚文化，同一个亚文化内的人更容易在情感上、心理上形成共鸣，彼此认同，并互相提供帮助与支持。它强调共同的联系如价值观、归属感、生活态度等，认为社区的存在并不一定要以一起生活为前提，相反，在使用现代化的交通、通信手段的情况下，社区完全可以超越地域的界限来加强人们之间的联系。该理论认为人口规模的增加和集中并不会导致人际交往的弱化，反而会导致多样的亚文化产生，从而增加人际交往，人口数量越大，人口越集中，其亚文化的多样性就越强烈，亚文化扩散的概率也就越高。亚文化论也承认，沃思所谓的生态性因素（人口数量、居民密度以及人口异质性）对城市生活方式和人际关系会产生一定的影响，但这并不意味着这些生态因素具有很大的实际作用。正如费谢尔认为，对行为的更重要的影响是非生态的，也没有证据能够表明城市主义会造成异化、孤立、非人格、肤浅、压力、紧张等问题。

总之，支持社区存在论的学者们认为，社区在工业化和城市化的系统中仍旧是社交的重要来源，社区共同体并没有消失，城市居民仍然是密切联系的邻里，仍然有当地社区的意识，并且利用邻里关系进行社交。城市居民往往是一个社区的重要成员，这些社区的成员之间存在着多种多样的关系，尽管关系的亲疏各不相同，但其中很多都很紧密。

（三）社区解放论

20 世纪 70 年代，韦尔曼和雷顿在费谢尔“亚文化论”的启发下，开启了一种新的城市社区研究视角——社区网络研究，将社区研究从地域空间的限制中解放了出来，转而强调社区问题的网络分析研究，这种方法也被称作社区解放论。面对社区共同体失落论和存在论的长久争辩，韦尔曼和雷顿于 1979 年发表了《网络、邻里和社区：社区问题研究的方法》一文，正式提出社区的网络分析方法，以此区分社区研究和邻里研究。在韦尔曼看来，将社区关系研究与邻里研究混为一谈为社区问题的分析带来了许多问题，邻里不等于社区，邻里是一种空间地域的说法，而社区包含的范围则更广，社区往往包括除亲属和邻里外的人际关系网络，这些网络同样为成员提供社交和支持，它主要强调一种共同性，鼓励识别“共同体邻里”。换言之，社区的内涵比单纯的地域邻里大得多。因此，韦尔曼认为，网络分析视角比传统的邻里关注更适合城市研究中的社区问题，社区网络分析的出发点是寻找社会联系和资源的流动。韦尔曼通过对东约克的观察发现，东约克的居民倾向于把他们的亲密关系组织成有区别的网络。亲密关系的性质和使用有很大的区别，各种各样的人都有不同的网络或结构位置，即使住在不同的住宅区（或在不同的地方工作），人们也经常通过电话和面对面的方式保持联系，这种联系持久且稳定。邻里关系持续存在，但只是作为整个主要网络的专门组成部分，这些组织所能提供的各种网络之间的联系是多种多样的，这些关系包括与远方的父母、亲密的朋友、不那么亲密的朋友、同事等的关系。在空间和社会分支网络上的成员身份是城市人获得多样化和差异化资源的有效途径。他们的关系并没有被封装在“脱钩”的小世界里，而存在于更大的城市网络之中。这表明，社区网络是居民争取资源的有效途径。韦尔曼还指出，虽然居住地方和工作地点的分割导致城市社区居民之间的凝聚力被削弱，高度的人口流动性也使邻里之间的联系衰弱。但是，廉价而有效的交通和通信系统，却降低了空间距离上的社会成本，使得分散的联系易于维持。城市的规模、密度与多样性，再加上广泛的互动设施反而增进了人们发展社会群体网络的可能性。总的来看，社区解放论即同意社区消失论的观点，也同意社区存在论点的论点。实际上，社区解放论并不否定也不肯定社区存在论和社区消失论，而是放弃了把邻里地域作为社区问题的起点这一观点。换言之，社区解放论认为各种各样的结构和技术的发展使社区从地域的范围解放了出来，社区居民关系已经分散到社区之外的网络，不再聚集在社区地域的限制当中。

综合上述国外学者对城市社区共同体的研究，我们可以发现，当前国外学者对社区共同体的关注点仍旧集中在社区共同体是否存在上。社区消失论、社区存在论、社区解放论都重点探讨这种社区关系到底是否存在、存在于社区之中还是社区之外，而对我们要如何解决他们所探讨的社区共同体衰弱的问题则关注较少。即便如此，这些经典的探讨和辩论却开启了学术界对城市社区治理的研究，使得社区研究的学术重要性得到迅速的提高，也为我们更进一步地理解社区提供了深刻有力的见解。

由于研究者的取向不同，其所强调的重点也不一致。滕尼斯之后的西方社会虽然历经两次世界战争，但仍处于高速发展之中，资本主义生产方式及其生活方式逐步调整并日益完善起来。作为第一产业的农业衰落，大批人口从乡村转移到城市，都市成为大众社会的新载体，社区理论研究的旨趣也随之投射到了城市中。显然无论是滕尼斯的社区还是芝加哥学派的社区都是以西方世界变动了的事实为基础进行归纳的，因此当我们把诸如此类的概念或者分析框架移植到中国的时候，需要充分注意到中西之间的差别。

二、国外社区公共服务理论的概述

自联合国倡导“社区发展运动”以来，世界各国越来越注重社区本身对于社会发展和进步的巨大作用，纷纷制定了推进本国社区发展的政策和计划，有力地将社区与公共服务结合起来，实行公共服务的社区化改革。“社区公共服务”备受关注，其相关研究已经进入了繁荣时期。国外社区公共服务的研究伴随着社区实践的发展而发展。

（一）社会问题与社区公共服务实践的概述

在西方发达国家，社区公共服务实践有着悠久的历史。为解决资本主义早期工业化、城市化和现代化进程中出现的失业、贫穷等社会问题，理论界和实践部门很早就提出了由社区提供公共服务的思路和措施。

早期的社区公共服务是以社会福利服务的形式出现的，主要是为城市中无收入或低收入的贫困人口和没有劳动能力的老年人提供救济服务，具有济贫性质。早在 1601 年，《伊丽莎白济贫法》的颁布就确认了社会对受灾者的责任。到了 18 世纪末，德国推行汉堡制和爱尔伯福制，以社区为单位解决济贫事务和社区救助问题，如为失业者介绍工作、为贫困者提供救济、将贫苦儿童送往学校、将无钱治病的患者送往医院等，以此倡导社区内部成员自我服务、志愿服务。19 世纪末的英、美出现了以济贫为主要功能的社区公共服务组织——慈善组织会社和社区睦邻服务中心等社区服务机构。一些国家还建立了社区服务组织和机构，如美国纽约的“社邻辅导处”、芝加哥的“邻舍会馆”等，试图通过社区成员的志愿互助活动为城市居民创造更好的生活条件。但这时的社区服务无论从性质、内容和范围上都与现代意义的社区公共服务有所不同。20 世纪 30 年代以后，由于福利国家的兴起，一些发达国家在社区公共服务的基础上，建立起了一套与资本主义市场经济相适应的社会福利制度，促进了公共服务的扩大与发展，进而促进社区公共服务迈向新阶段。

真正意义上的社区公共服务始于第二次世界大战以后，一些主要的资本主义国家在经济高速增长的同时，由于忽视社会发展而产生了一系列社会问题，如失业、贫困人口增加、青少年犯罪严重等，加之由于人口结构和家庭结构的变化，出现了各种社会问题，使社会不堪重负。不仅如此，随着物质生活水平的提高和生活方式的改变，人们的物质文化生活需求日益增长，原有的社会服务体系远远不能与之相适应。面对这些问题，一些经济发达的国家普遍感到单纯依靠政府不可能解决所有的社会福利和社会服务问题，他们开始尝试逐步把由政府负担的社会福利和社会服务转向社区及其他社会组织，依靠多种社会力量共同解决这些社会问题。因此，运用社区民间资源、发展社区自助力量的构想应运而生。

1951 年，联合国经济及社会理事会通过了 390D 号议案，决定建立社区福利中心，推动全球经济和社会的发展。不久，又将“社区福利中心计划”改为“社区发展计划”。1954年联合国改造社区组织与发展小组，建立联合国社会事务局社区发展组，在世界许多国家和地区积极推进社区发展计划，取得了许多国家和地区政府部门的重视和支持。1955年联合国在《通过社区发展促进社会进步》的文件中提出了社区发展的十条基本原则，希望通过社区发展来解决社会公共服务供给问题。1957年，联合国开始研究社区发展计划在发达国家的应用，试图通过社区发展解决后工业化与城市化带来的诸多社会问题。由于联合国的积极倡导，社区公共服务不仅在西方发达国家取得积极成效，也受到广大发展中国家的重视。

到20世纪60年代，英国内政部就以反贫困为主要目标，实施了“社区发展工程”，旨在解决以贫困为代表的一系列社会问题。通过这项工程的不断推进和实施，英国以社区为基础、以反贫困与社会排斥为目标的各类组织和社区行动得以激活，社区公共服务的领域也随之扩展至社区的方方面面，涵盖了医疗健康、教育、居住、公共安全，以及社会弱势群体（老人、幼儿、残疾人等）的照顾等内容。此后，社区发展的价值理念和服务实践得到持续发展，积极的公民权利和社会融合成为公共政策的主旋律。20世纪90年代中后期以来，在新工党“第三条道路”的指引下，英国政府部门在资源配置上的积极角色不仅实现了社区公共服务的有序推进，而且为社区共同体的再造提供了强大的动力。

美国从20世纪50年代开始在一些城市成立了社会发展部，并组成了社区组织委员会，大力推行城市社区建设。这些城市社区发展项目包括社会福利、医疗卫生、预防犯罪、廉价住宅建设、大众教育等。1965年美国政府实施了“反贫困战争”的政策。与此同时，原本由公共机构提供的社区社会服务随之转移到广大的非营利组织上。1973年，美国就颁布了《志愿服务法》，从而保障了社区服务的组织基础。到了20世纪90年代，社区建设更成为克林顿政府实现其“再创政府”“复兴美国”目标的重要手段之一。1993年，美国前总统克林顿签署了《国家和社区服务信托法案》，并建立了全国社区服务协会，标志着国内所有的社区服务项目都被纳入统一的管理网络。美国前总统布什（小布什）在位期间，更是提出了“以信仰和社区组织为基础的志愿者活动”的政策建议，为保证此政策的实施，还组建了相应的政府组织——白宫信仰与社区合作伙伴办公室，并在教育部、司法部、劳工部、住房与城市发展部、健康与人类服务部等联邦政府的五个部分别设立了“基于信仰和社区行动”的执行机构，开展多样化的社区公共服务，以利用社区改善妇女、老人、少数民族和精神病患者等群体的居住条件和服务质量等。经过几十年的发展，美国已形成了由政府、社区机构、非营利机构、社区居民等共同协作的社区公共服务供给平台，形成一套成熟的社会化社区公共服务模式。

澳大利亚政府从 1983 年开始先后实施了“地方政府社区发展”“家庭和社区护理”“农村社区”等一系列项目。政府部门除设立项目、安排资金外，还建立了完善的监测体系，对项目实施进行评价、指导和监管。德国、加拿大等国家政府也通过直接投资、税收优惠、购买服务等多种措施支持社区发展，促进了公共服务的大发展。法国通过城市共同体、聚居区共同体、村镇共同体等不同等级的社区，通过社区居民的参与和合作，为社区居民提供公共服务。

经过半个多世纪的发展，国外社区公共服务已经形成机构健全、组织完备的社区公共服务体系。在组织形式方面，他们采取政府机构与民间机构相结合，专业服务与志愿服务、互助服务相结合的方式；在资金方面，他们采取政府资助、民间捐助、社会集资与适当收费相结合的方式；在服务项目上，他们将福利性项目与服务性项目相结合；在服务方式上，他们采取营业性服务与非营业性服务相结合的方式，形成了内容广泛、方便灵活、切合实际的社区公共服务网络。

（二）社区发展与社区公共服务理论的概述

1.社区公共服务的价值和类型

不同的研究者出于不同的政治立场对社区公共服务的价值作出了各种各样的阐释。学者瓦思（Antony A. Vass）认为，社区工作组织或机构经常处于政府和居民的中间位置，为居民争取福利。社区工作可以在现存的制度内力求改革，以配合制度以外的抗争运动，取得里应外合、相辅相成的效果。学者乔治·布拉吉尔（George Brager）认为，社区工作是一项为弱势群体请命、消解民困的工作。学者海科（C. Hick）认为，社区工作使社会上的弱势群体团结在一起，在社会改革中合力消除社会上存在的结构性障碍。

此外，国外学者还基于不同的分类标准对社区服务的类型作了不同的划分。学者巴利（M. Bayley）将社区照顾分为“在社区内照顾”和“由社区照顾”两种模式。“在社区内照顾”是指由政府或非政府组织在社区里建立小型化、专业化的服务机构，发展以社区为基础的服务设施，在社区内为被照顾者提供生活服务。“由社区照顾”则是非机构式的、非住宿式的、非隔离式的照顾模式，由被照顾者在家接受地方政府、组织、家人、朋友、邻居及社区内专业、非专业的志愿者提供的综合性照顾，是一系列的支援性服务，通过社会各方的通力合作，在社区中构成一个照顾网络体系。学者亚当·帕菲（Adam Pavey）将社区照顾分为正式照顾与非正式照顾。非正式照顾是指来自家庭成员、朋友和邻居的照顾；正式照顾是指来自私营部门、志愿者、慈善机构和团体的照顾。

2.社区公共服务的目标与原则

研究者从不同的角度对社区公共服务的目标和原则进行了大量的阐释，并形成了许多有代表性的观点。学者托马斯（D. N. Thomas）将社区工作的目标分为两类：一是分配资源，即组织居民争取合理的资源调配，使居民的权益得到保障。二是发展市民，包括促进公民权的发展，以及增进居民间的交往，培养社区凝聚力和归属感。学者邓肯（A. Dunham）认为，社区工作的目的在于：“首先，满足社区需要，进行社区需要及社区资源的调适；其次，协助居民解决维系问题，并培养居民参与及合作的素质；最后，改善社区及社区小组的关系，并改善决策权力的分配。”学者海恩波特（C. Heginbotham）在《回归社区：志愿者道德与社区照顾》一书中提出了“源自关怀社区的照顾的五点理想，可以看作是他对于社区照顾目标的阐释。海恩波特关于社区照顾目标的理想，是对市场化造成人与人之间的疏离与孤立关系这一社会现状的反思。他还指出，建立理想的关怀社区的目标，需要多方努力和长时间的推动才有可能实现，特别是政府的支持与物质资源的投入是非常重要的。”

学者邓纳姆（Arthur Dunham）提出社区工作五大原则：社区发展应以社区共同需要为主；以“自助”为主要精神；政府及社团应提供物质或技术的协助，包括人员、设备、金钱等；政府要制定完整的多方面的各种专门性计划（如农业、教育、卫生、家政、儿童、青少年工作等），以使社区受益；一切工作项目，皆以切身需要为出发点。

学者巴特恩（T. R. Battern）认为社区工作有四大原则：第一，社区发展机构必须与其所希望影响的居民建立友善及可依赖的关系；第二，社区发展机构所期望的任何变迁都必须与居民达成协议；第三，社区发展机构必须表明计划中的变迁是安全的；第四，社区发展机构必须有兴趣与社区内各种群体一起工作，促进变迁的实现。

学者德尔加多（Melvin Delgado）从社区能力建设的视角出发，认为美国社区工作的指导原则应为：一是促进社区参与；二是将采纳和建设社区精神作为一个中心目标；三是组织有系统的跨代际活动；四是实现跨组织（正式与非正式）的合作目标；五是将增进社区能力作为一个中心目标；六是注重给予基层居民尽可能大的资助。

3.社区参与与社区公共服务提供

社区及居民参与是社区建设的重要内容，能有效促进公共服务的提供。邓纳姆认为政府应该重点培养居民参与、自决公共事务及合作的素质。学者罗斯（E. A. Ross）也进一步强调了社区公共服务中公民参与的重要性。罗斯特别指出，要达到这个目标，必须在社区内发展居民的合作精神并将这种精神付诸实践。美国学者迪尼托（Diana M. DiNitto）认为，社会福利政策是一场永不间断的政治斗争，是一场与贫困和不平等以及社会中的其他社会问题有关的、持续的政治斗争。在市场机制之外，政府应通过不同组织的参与来满足一些人的需要。博克斯（Richard C. Box）等学者对社区的公民治理模式寄予了较高的期望，认为社区治理包含着参与社区公共政策制定和执行的公民、选任代议者和公共服务职业者的全部活动。德尔加多在论述社区建设时，提出社区服务工作的第一个原则就是促进社区参与公共服务。联合国也非常重视居民参与“自救”提供公共服务。1956 年联合国在给社区发展下定义时就指出，要通过官民之间的合作，改善社区内经济、社会及文化上的状况，拉近这些社区与整个国家的距离，促使他们为国家的进步作出贡献。在这个过程中政府既要促进居民的参与和自力更生的能力，去提高生活水平，又要提供技术和其他服务，去鼓励居民进行自助和互助。

4.社区公共服务的模式与工作方法

随着社区公共服务的发展越来越专业化、技术化，多种不同的社区公共服务模式和工作方法出现。1955 年，罗斯出版的《社区组织的理论、理论原则与实务》一书，开创了社区治理研究理论的先河，首次提出了社区组织实践模式。罗斯将社区工作分为三个既相互联系又有所不同的组成部分：社区发展、社区组织、社区关系。罗斯的社区组织理论与模式为欧美国家社区发展奠定了基础。1968 年，美国学者罗斯曼（Jack Ronthman）首次在全国社会福利会议上发表了《社区实践组织的三个实践模式》一文，将当时流行的社区工作方法归纳成三大模式：地域性发展、社会规划及社会行动。罗斯曼的三大模式自出现以来，迅速成为欧美国家社区实践的基本模式和一线社区组织者和社会工作方面的学者必读的经典之作。1985 年，学者泰勒（Taylor Roberts）等人组织美国、加拿大的专家学者，从社区实践与社区理论的角度系统提出了五种社区实践模式：项目开发与服务协调、策划、社区联络、社区发展、政治行动。该模式突破了罗斯曼三大模式的传统构架，不仅给人耳目一新的感觉，而且在某种程度上反映了西方发达国家社区服务模式朝着多元化发展。1995 年，英国社区问题专家波普尔（K. R. Popper）将社区服务模式分为社区照顾、社区组织、社区发展、社区规划、社区教育、社区行动、女性主义社区工作、黑人和反种族主义社区工作八大模式。波普尔的八个社区实践模式背后隐含了丰富的价值判断和理论假设。各种不同模式之间存在着无法分割的内在联系。

（三）对国外社区公共服务相关研究的简单评述

迄今为止，国外学者对公共服务及社区公共服务相关的理论与实践研究已经形成了较为完善的体系。总体而言，国外的城市社区公共服务研究呈现以下特点：

第一，理论研究与实践发展紧密结合。随着国外公共服务理论的日益完善，社区公共服务的理论与实践也不断得到拓展，研究理念不断被更新。近年来，治理理论、公民社会理论、社会自治理论、新公共服务理论等学界先进的学术理念更是不断被运用到社区公共服务的实践中，并在实践的检验中不断得到修正和完善。在理论与实践的反复验证中，以社区为主要场域提供公共服务的理念不断得到理论界和实践部门的认可。社区公共服务也逐渐形成了以政府主导、市场运作、政府与社会合作提供为主的新型模式，以满足社区公共服务需求为导向、以专业化为发展路径、注重权力平衡与居民参与的社区公共服务多元模式正逐步形成。

第二，学科交叉与借鉴。国外对社区公共服务的研究涉及的学科有经济学、公共管理学、政治学、社会学等。如美国学者奥斯本（David Osborne）、盖布勒（Ted Gaebler）在《改革政府：企业精神如何改革着公营部门》中总结的关于社区服务的授权管理模式和企业化战略中的顾客导向，提出了把所有权从官僚机构那里夺过来送到社区去的观点，以提高公共服务的效率。各个学科的相互交叉借鉴使社区公共服务的研究发展成为解决社会问题的重要途径和手段。

第三，注重定性研究与定量研究的结合。国外社区公共服务的研究不仅注重理论上的探索，而且注重针对不同的服务领域、服务对象开展定量研究。大多数学者借鉴经济学、统计学和运筹学等采集数据建立模型，研究一些特定领域的公共服务。例如，奥斯特罗姆（Elinor Ostrom）在系统性的多中心理论的基础上进行了深入广泛的实证研究，运用公共选择与制度分析理论和方法，分析公共事务，尤其是警察服务、公共池塘资源的自主治理问题，取得了令人瞩目的成就。

总之，国外社区公共服务经过多年的发展，不仅在实践中高度专业化，研究上也形成了多学科，为我国社区公共服务和社区建设提供了宝贵的参考经验。但是我们不能把西方理论和经验直接“拿来”，一定要结合中国社区建设和社区公共服务发展的具体实际将其“本土化”。

第三节　国内社区治理理论

一、中国社区治理理论的发展历程

在20世纪30年代，“社区”及社区治理研究在我国社会学家吴文藻先生和费孝通先生的倡导和实践下进入中国。如前所述，社区治理研究始于西方。作为引进者，中国的社区理论充分体现着西方学界的影响力，但又发生了一些变化。

在中国，虽然最早的社区理论研究可以追溯到美国社会学家葛学溥在广东凤凰村的家族调查，其研究成果《华南的乡村生活——广东凤凰村的家族主义社会学研究》也发表于1925年。不过，由于作者只是一个“业余人类学家”，所以在学术界引起的反响并不大。直到20世纪30年代前后，留学欧美的吴文藻、费孝通、林耀华等先后发表以单个的中国村庄资料为基础的社区治理研究作品。一时间，社区治理研究蔚然成风，影响波及海内外。

吴文藻在把东西方社会学和人类学的许多学派进行比较之后，借鉴人类学家马林诺斯基（Bronislaw Malinowski）和拉德克利夫-布朗（A. R. Radcliffe-Brown）的理论和方法，创立了中国社区治理研究的理论方法体系。吴文藻在接纳了拉德克利夫-布朗对社会的系统论和整体论的看法后，把这种以功能论方法为核心进行综合研究的实地调查方法，归纳命名为“现代社区实地研究”。为了推广普及社区治理研究，吴文藻先后在《北平晨报》的《社会研究》副刊、《社会学刊》和天津《益世报》的《社会研究》副刊上，撰文阐述社区治理研究的意义与功能、发展趋势，介绍中国社区治理研究的计划。由此，社区治理研究为中国社会学开辟了新的发展方向。吴文藻在1935~1936年发表了一系列介绍社区治理研究的文章，有《现代社区研究的意义和功能》《西方社区研究的近今趋势》《中国社区研究计划的商榷》等，还派出学生到不同类型的社区和民族地区进行实地考察和研究。如徐雍舜在北平郊县、林耀华在福州义序、黄华节在定县、李有义在山西徐沟镇、黄迪在清河等地各自开展调查研究。可以说，吴文藻倡导的中国社区治理研究在20世纪30~40年代的中国社会学界产生了强烈的反响。在他的影响下，当时大批爱国的社会学工作者纷纷到乡村、工厂、边疆民族地区进行实地调查研究，取得了丰硕成果，其中有不少成果至今仍有参考价值。

费孝通的社区治理研究贡献主要体现为其社会学本土化的思想，无论其早期作品《花篮瑶社会组织》《江村经济》，还是中期的成熟之作《乡土中国》《生育制度》以及20世纪80年代以来对中国社会学的一系列反思文章，其中心都在于构建中国化的社会学。他以“江村调查”和“禄村调查”为开端，对中国社区治理、社会变迁展开全面调查研究，开拓了一条富有中国特色的社区治理研究道路。其《江村经济》更是堪称“人类学实地调查和理论工作发展中的一个里程碑”，因为它是开创社会学调查这一领域实践的第一部成功之作。而《乡土中国》一书以中国的事实来说明乡土社会的特性，勾画了中国基层社会的形态。费孝通在该书中对社区治理研究做了理论的概括，他说：“以全盘社会结构的格式作为研究对象，这对象并不能是盖然性的，必须是具体的社区。因为联系着各个社会制度的是人们的生活，人们的生活有时空的坐标，这就是社区。每一个社区有它一套社会结构，各制度配合的方式。因之，现代社会学的一个趋势就是社区治理研究，也称社区分析。”他认为，社区分析可以分两步走，第一步是在一定的时空坐标中描画出一个地方的人民所赖以生活的社会结构；第二步则是在此基础上做比较研究，比较不同的社会结构，发现与每个社会结构相配合的原则。

随着社区治理研究的展开，各地社区治理研究成果随之产出。如李景汉的《定县社会概况调查》、林耀华的《义序宗族的研究》、费孝通《花篮瑶社会组织》等，这些成果对社区治理研究有着重要的学术贡献和学术影响。一时间，农村社区治理研究空前活跃，学术成果常见诸书报，不仅拓展了我国社会学的研究领域和范围，而且丰富了社会学中国化的研究成果。

在经历了约 30 年的沉寂之后，我国于 20 世纪 70 年代末重建了社会学这门学科，社区治理研究也得以恢复。20 世纪 80 年代，由费孝通指导的“江苏省小城镇研究”课题取得了一系列的成果，带动了社区治理研究在中国的再次兴盛。在这期间的研究中，费孝通一方面强调社会学的意识形态性，强调社会学研究的指导原则，认为“社会科学是社会意识形态的一部分，世界上存有不同国家和不同制度的时代，社会科学所反映的实际是有界限的。中国的社会学具有中国的特色”；另一方面大力推进“小城镇研究”，在总结地域传统文化特色和现实调查的基础上，先后完成了《苏南农村社队工业问题》《论小城镇建设》《小城镇四记》等报告、论文和论著。同时他还就区域经济发展做了许多独特的思考。

进入 20 世纪 90 年代后，社区治理研究不仅引起了理论界的广泛重视，而且成为中国各级政府关注的焦点问题。几十年以来，中国出版了一大批有关社区治理研究的著述，如方明、王颖的《观察社会的视角——社区新论》（1991），丁元竹的《社区的基本理论与方法》（2009），徐中振、卢汉龙等主编的《社区发展与现代文明：上海城市社区发展研究报告》（1996），黎熙元、何肇发主编的《现代社区概论》（1998），侯玉兰等的《城市社区发展国际比较研究》（2000），唐忠新的《中国城市社区建设概论》（2001），雷洁琼主编的《转型中的城市基层社区组织》（2001），徐永祥的《社区发展论》（2006），叶南客的《都市社会的微观再造：中外城市社区比较新论》（2003），韩子荣、连玉明主编的《中国社区发展模式》（2005），陈福平、黎熙元的《当代社区的两种空间：地域与社会网络》，等等。这些著述绝大多数侧重于探讨社区建设、社会发展中的实际问题，也有的着力探寻社区治理理论的系统化、体系化之路。

另外，改革开放以来，社区建设和社区服务逐渐兴起，直接带动了社区治理研究的热潮。有关“社区”概念的探讨日益丰富，社区治理研究发展脉络逐渐由社区类型、社区服务形态与方式、运行机制转变为社区结构、社区组织与有计划变迁，由单纯研究社区转为从社会环境、国家、市场与社区互动关系的角度，从社区工作者与社区居民关系的角度研究社区。特别是进入 21 世纪后，社区治理研究的理论视野日渐开阔，理论成果也日渐丰厚。社区治理研究已经成为一个多学科交叉研究的学术领域。其中，政治学和社会学成为社区治理研究的主要学科，从政治学的角度进行社区治理研究主要是运用国家与社会关系的相关理论，从社区的权力结构来分析政府与社区之间的关系，讨论如何进行社区管理体制的创新以实现善治的理想目标，进而通过构建国家与社会之间的良性互动关系，促进公民社会的成长和社区自治空间的扩展；而社会学侧重运用社会结构和社区组织的视角，从社区内部居民之间和利益群体之间关系的分化与整合来分析如何促进社区意识和社区归属感的形成，探讨社区情感在现代社会的表现形态和实现途径。虽然两者分析的理论框架和研究视角有所区别，但是两者之间的融合已开始成为趋势。

必须指出的是，我国现阶段的社区治理研究水平与西方发达国家相比仍然有较大的差距。学术成果大多为以实证调查为基础的客观描述和实际操作研究，深层次的学术研究和理论模式创新较为少见，新的具有权威性、代表性并在国内外富有影响、享有盛誉的学术流派则更为少见。同时，带有预测性、系统性和规律性的超前研究大项目也较为缺乏。

二、社区治理理论运用的“中国局限”

通过对中外关于社区治理研究的梳理，可以发现社区治理的含义和研究内容随着时代的发展发生了变化，但社区治理理论却仍存在诸多歧义。对于社区概念的具体界定，有的学者比较强调社区的地域特征，认为社区是地域性的社会群体，是以一定的地域作为其存在的根据的；有的学者则比较注重社区成员的归属感与认同感，认为社区是由有着共同价值取向和利益目标的人所组成的共同体；也有的学者认为在现代信息社会，由于交通、通信工具的发展，已经不存在社区的边界限制了；等等。归纳起来，我国多数社会学者一般更赞同地域主义的观点，强调社区是一个相对独立的地域社会，认为社区是以一定数量的人口为主体，按照一定的制度组织起来的，有着一定的地域界限和认同感的人类生活共同体。

特别之处是，中国社会明显呈现出与西方社会不同的“个人—家庭—社会”的三维思维模式，这种思维模式注重群体关系的和谐、群体目标的统一和群体利益的维护。特别是忠孝一体的泛家族主义，决定了中国传统的社会道德和价值取向，如“在家者孝于亲”“在朝者忠于君”等。这种思维模式一方面引导了中国社区治理研究学以致用、爱国爱群的学科风格；而另一方面则导致了具体社区治理研究的笼统性和模糊性，具体体现为研究理论的机械性、调查内容的肤浅性、研究目的的功利性、研究方法的单一性。

所谓理论的机械性是指中国社区治理研究在本土化的过程中，其基本思维方式仍存在食“洋”不化、食“古”不化、食“土”不化等现象；在理论话语上，简单地引进、推介、复制或亦步亦趋地模仿的现象严重；在理论研究与经验研究的关系上，理论研究相对薄弱，理论研究与经验实证研究往往呈现相互游离状态。

所谓调查内容的肤浅性是指学者们的调查研究往往只是就事论事，对社会行为发生的宏观结构条件揭示得不够多，更没有进一步去理解导致该现象的文化根源。如陶孟和的《北平生活费之分析》和李景汉的《北平郊外之乡村家庭》《定县社会概况调查》，只是把农村社会与经济状况客观地反映了出来，虽然达到了描述社会的目的，但离解释和说明社会还有相当的差距。20 世纪 80 年代以来，我国的社区治理研究虽然取得众多的研究成果，但精髓之作却不多。

所谓研究目的的功利性是指中国的社区调查研究不是以规范方法的验证或建构某种理论为指向的，而更多的是为了解决实际的社会问题，将目标指向了社会的改造。就具体的某一项社区治理研究而言，学者们能够对一个社区生活的各个方面进行详尽解剖，但分析其内在关系的研究较少；带有较浓厚的社会人类学色彩的研究屈指可数；进行长期追踪研究的项目很少，大量研究是一次性的；对不同社区进行比较分析的项目较少，关于热门课题的研究较多。

所谓研究方法的单一性是指在社区治理研究中虽然绝大多数学者采用的是实地调查的方式，并使用了西方流行的调查表格，采取了个案调查、普遍调查、随机抽样、特殊选样、间隔选样等方法，也引进了现代统计学技术。但由于不太成熟的社会学学科意识和种种条件的限制，这种调查方法造成了“用死的表格来说明活的事实”的后果。如1994年费孝通先生也坦言自己研究的最大缺点是“只见社区不见人”“过于满足研究社会的生态而忽略了社会的心态”。

这些不足构成了社区治理理论运用中“中国局限”的主要内容，正视这些问题并努力提升中国社区治理理论研究的学科意识和使命感既是中国社会学本土化过程中所必须要解决的问题，也是中国社区治理理论研究者的神圣使命。

第四节　社区治理的研究方法与专业化要素

一、社区治理的研究方法

社区治理研究是中国社会学研究的重要组成部分。“从社区着眼来观察社会、了解社会”很早就被社会人类学当成重要的方法论基础。虽然20世纪50年代之后，对于以社区治理为着眼点研究社会现象的方法是否合理、可信，人类学和社会学界开展了广泛探讨，社区治理研究在解释社会现象中的可信性和解释力度受到了质疑，但直至今日，我们始终无法否认社区就是最具有可观测性的社会现象研究单位。并且，与社会研究源起地不同，中国当代语境下的社区本身就具有本体论和方法论上的双重意义，它既是以行政划分和管辖为基础的现代城市生活实体，同时也是复杂多样的人群的日常生活场所，是各种社会组织、社会力量互动的博弈之地。

中国社区的双重性意义决定了社区治理在中国社会学研究中的重要地位，也决定了在研究时我们很难照搬西方经验，只能在学习和反思后基于社会现实进行新的研究方法的探索。本研究便是在此过程中基于社区治理研究实践的一次有益尝试。

（一）研究范式的方法论反思

美国科学史家托马斯·库恩（Thomas Samuel Kuhn）于 1962 年在《科学革命的结构》一书中从社会学、心理学和科学史的角度进行分析研究，提出“范式”的概念。在库恩看来，范式即是对本体论、认识论和方法论的基本承诺，是某个科学共同体所公认的理论观点、研究假设和方法准则的总和。基于这一概念，我们在进行研究方法论革新尝试前，就必须先对已有的社会科学研究范式进行梳理和分析，以确定革新基础。

1.从实证主义到人文主义

社会学自创立之始就承担了对现实社会进行解读和构建的任务。随着时代和学科的发展，研究者们对社会认识程度不断加深，自法国社会学家孔德（Auguste Comte）在 1838 年提出“社会学”概念至今，用社会学解读社会现象、构建社会形态的视角和方法就始终处于争论和变化之中。

早期社会学家如孔德、斯宾塞（Herbert Spencer）和迪尔凯姆等都推崇自然科学研究的方法。为打破神学和形而上学对人们正确认识社会的禁锢，孔德提出复制自然科学研究方法进行社会科学研究的可行性。在孔德看来，社会现象与自然现象没有本质区别，就像自然界按照万有引力等自然定律运行一样，社会也是按照一定规律运行的，社会学家的工作就是将客观、实在的社会现象作为经验证据搜集起来加以认识，揭示出社会运行规律。这种基于自然科学的理解方式被迪尔凯姆所继承，他更加明确地提出要“把科学的理性主义原则扩展到人们的行为中去，即让人们看到，把人们过去的行为还原为因果关系，再经过理性的加工，就可以使这种因果关系成为未来行为的准则”。迪尔凯姆强调社会事实作为社会学研究对象的必要性，由此形成了社会科学最初的研究范式——实证主义范式。实证主义范式所承诺的方法论原则即是将社会看作客观存在的物的世界，需要以客观审慎的视角对之加以认识和解释。从本体论的角度而言，它是站在主客二元分离对立的立场上对社会加以认知的。

但自 14 世纪欧洲文艺复兴运动兴起，人的地位被前所未有地提高，关于社会现象的认识和研究也开始发生转向。至 19 世纪末，反实证主义流派在德国悄然兴起。如德国哲学家文德尔班（Wilhelm Windelband）、李凯尔特（Heinrich Rickert）和狄尔泰（Wilhelm Dilthey）等反实证主义学者更多地看到了社会中“人”的重要性，提出照搬自然科学方法研究社会就会忽略其中一个极为重要的部分——意义。这一观点对韦伯的思想产生了重大影响。韦伯批判地继承了新康德主义观点，他认为，从认识论角度来说，社会现象研究与自然现象研究没有本质不同，都需要进行描述、解释、寻找普遍规律。但从方法论的角度来说，自然界中的任何现象都是无意识的纯粹客体，而社会却是由一个个具有独立意识和主体性的人所组成的。与纯粹客体不同，主体性的人及其行动是有意识的，受到各种文化价值观念、社会环境等制约，因此研究者在认识和解释社会现象时就应该在保持自身价值中立的基础上对行动主体“人”进行理解，观照社会行动者的主观性及其行动意义。韦伯认为，只有通过这种“理解的解释”才能够真正探究到人类行为所造就的社会现象间的联系和规律。由此，以人为中心的人文主义研究范式兴起。

简单进行对比可以发现，人文主义范式和实证主义范式在本体论和认识论上并没有本质区别，都是站在二元分离对立的视角对社会加以认识的，目的也都是寻找普遍规律，其分歧主要存在于方法论上，即用什么样的方式、方法来观察、认识和解释社会现象。但无数研究经验不断证明，关于社会现象类的研究本身就应该是注重内容的质性研究，对于质的研究不仅需要建立在实证基础之上，同时也必须看到其实际上就是对人与人、人与组织、组织与组织之间的关系和互动的研究，不可能完全忽略研究者与被研究者之间的互动性质，所以建立在主客二元对立假设上的研究本身就存在极大缺陷。

2.第三条路径探索：范式的融合

后现代社会学研究的兴起即是对主客二元对立认识的挑战和超越。在实证主义与人文主义争论不休之时，尽管也产生了如批判主义范式、冲突范式、社会行为范式等诸多社会学研究范式，但从根本上看，社会学研究的主要范式仍更多地受到实证主义和人文主义思潮的影响。而后沿着实证主义范式发展的结构功能主义和沿着人文主义发展的符号互动论、常人方法学等则逐渐呈现出了两种范式的融合趋向。美国社会学家帕森斯（Talcott Parsons）在《社会行动的结构》中对实证主义忽略人类社会复杂性提出了疑问，舒茨（Alfred Schutz）的《社会世界的现象学》则在人文主义范式的基础之上融入了实用主义哲学的方法原则，而加芬克尔（Harold Garfinkel）、吉登斯（Anthony Giddens）等许多社会学家也都为消解主客二元对立的思维方式做出了有益尝试。

回归到对社会学研究范式的探讨，我们或可将此类尝试和努力统称为对社会学研究取向第三条路径的探索。虽然第三条路径在本体论方面未曾表现出关于世界本原的讨论和清晰的判断，但从认识论和方法论的角度看，第三条路径则不同于传统实证主义范式和人文主义范式坚持主客观二元分离对立的视角。首先，第三条路径的探索者们普遍强调应在人与人、人与物的主客统合关系中展开对社会现象的认识，要从社会现象的实践出发去实现对事实和价值的双重观照。换言之，在第三条路径探索者的视域中，社会现象既不完全是迪尔凯姆所说的外在于人的社会事实，也不是韦伯眼中单纯的社会行动意义，而是在特定环境下，人与人、人与组织、组织与组织间的所有关系和互动。这种特定环境下的关系受到客观结构和规律的制约，而其间的互动则具有极大的主观性和不确定性，需要综合看待，并具体问题具体分析。其次，在研究过程中，基于对社会现象概念及要素的确定，第三条路径强调研究既要认识和探寻社会生活的客观规律性，同时也不能忽视、脱离人的主观性和交互性。最后，在对特定社会现象进行解释时，研究者需要深刻认识到各种因素的复杂交错，特别需要在时空维度、人与物的交叉维度上去揭示社会事物的真实性，即客观存在性，并理解和解释其间人为行动的意义和价值，要在各种维度错综复杂的统合中找到相对合理、全面的解释路径，而不仅仅单纯关注物的客观性或人的主观性。基于对其理论共通性的考察，在研究范式上我们可以暂时使用人文实证主义这一概念。总体来看，人文实证主义正越来越多地受到国内外社会学研究的重视。那么，如何在这一原则的指导下开展中国社区治理研究就是我们现在需要深入思考的问题。

（二）社区治理研究实践：一种本土化的质性研究

前文笔者已经谈到，中国社区治理在本体论和方法论上的双重意义决定了其在研究中国社会现象中的重要地位。随着改革开放的不断深入推进，中国社会现象愈加错综复杂、日新月异。自中国共产党十八届三中全会通过《中共中央关于全面深化改革若干重大问题的决定》起，社区治理就成为我国面对改革开放和社会主义现代化建设新时期的重要议题，也成为现阶段各级政府创新工作的重要着力点，更体现为一种实实在在发生于社区、和人民群众生活息息相关的社会现象。因此，区别于传统“社会管理”的概念，社区治理正以一种新社会现象的姿态出现在社会学研究视域之中。“社区治理创新意味着什么？”“治理主体、治理方式和治理重点出现了什么样的变化？”“社区治理产生了什么样的社会效果？”“如何看待和进行社区治理创新？”这些问题都需要我们从生活世界的实践中找到答案。在这一议题下，我们开展了历时一年的社区治理研究实践，并对研究方法进行了思考与反思，尝试在人文实证主义范式的指导下提出具体的研究方法。

大体来说，我们认为开展社区治理研究实践在具体方法上必须包含至少五个步骤：确定问题——对应研究准备阶段的文献及政策梳理；田野调查——对应调研阶段的经验资料收集；讨论小结——对应研究中期对初始经验材料的分析；回访论证——对应与被调研对象的再次沟通对话和对中期研究结果的反思校正；理论总结——对应实践研究结束后的反思及理论提升。

1.确定问题

确定问题是任何研究开展前都必须要经历的重要步骤。问题可以指出研究的目标和方向，可以指导观察材料的收集工作。明确研究主题相对较为容易，但提出问题在很多情况下都被错误地简化为对已有文献进行梳理和回顾。从社会现象研究来看，这远远不够。文献梳理仅在于帮助研究者了解这一研究领域或研究主题中已经有哪些学者提出了哪些问题，并使用了什么样的方法得出了哪些结论，使研究者能够在此基础之上批判地形成研究的独特视角。但作为一种质性研究，人文实证主义研究范式在认识论和方法论上强调要认识和解释社会现象作为特定环境下人与人、人与组织、组织与组织间关系和互动的客观结构性与主观能动性的复杂交错。因此，本土化社区治理研究问题的提出必须要落脚于社区治理实践之中，不仅需要研究者通过文献梳理找到独特视角，更需要其在和社区内治理的各种角色、组织进行初步接触后找到最为合适的切入点，即主题落脚点和研究方法，以便进入田野开展调研。

2.田野调查

田野调查是直面社会现象本身的研究过程。人文实证主义强调研究者在面对社会现象时既需要进行实证考察，尊重事实和关系的客观性和规律性，同时也需要了解和理顺人与人、人与组织、组织与组织之间的互动逻辑，在熟悉的基础之上再进行理解和分析，以人文实证主义为指导的社区治理研究尤应如此。我国以行政划分为基础的社区构成相对复杂，社区内居民职业、收入和教育程度差别较大，从社区治理创新主体及参与者看，除居民外还有居委会、业委会、物业公司和各种社会组织等政府或民间机构。社区治理方式由治理主体决定，只有了解各主体和参与者之间的相互交往性质和互动结构模式后，我们才有可能进行总结和理论提升，并在多个社区间进行对比分析。这就要求研究者必须深入社区治理主体的日常办公和活动之中，通过访谈和观察发现他们在社区治理工作中的闪光点及背后的逻辑。值得特别说明的是，研究者以何种身份进入田野、在研究过程中如何保证价值中立往往是学术争论的焦点。基于实践经验，笔者认为在与被研究者进行接触和访谈之时，情感沟通交流是极为必要的。传统研究范式过度强调价值中立，导致研究者更像是“审讯者”，难以与被研究者展开良好互动，被研究者也可能在反感、不自在和“怕说错话”等心理作用下无意识地进行信息筛选过滤，使研究者所获信息的信度和效度大幅下降。因此，基于人文实证主义的双重关怀，笔者提出如下观点：首先，研究者并不应该急于开展与被研究者的访谈，而是应该先去了解社区的建立和变迁背景，并在社区内进行实地走访观察和随机交流，在初步掌握社区基本情况和本地风土人情后再与被访者进行接触，这样更便于与其建立熟悉感；其次，在访谈过程中研究者要保持研究的理性思维和逻辑感，但在表达上则应该注意方式、方法，凸显倾听意愿，侧重情感沟通（例如将“你们社区”的说法变换成“咱们社区”等）；再次，访谈不是一次性任务，多次访谈沟通往往能够获得更多信息，也可能进行信息的相互印证，所以在双方愿意且时间允许的范围内，研究者应尽可能多次与被访者进行有效的沟通交流。

3.讨论小结

讨论小结其实应贯穿整个实地调研，且不需拘泥于调研小组内部。一般来说，每天在实地调研或访谈后研究者都必须进行记录整理和反思，反思主要包括两方面内容，一是对自身的反思。费孝通先生曾言：“观察社会现象时，因为语言材料的重要，最容易影响叙述现象正确性的是调查者和所要观察的现象的人事关系。”上一个步骤中笔者强调研究者应注意与被研究者接触时的共情与合作，这一个步骤则强调研究者在暂时离开田野时的情感抽离。研究者与被研究者的相互交往性质是社会现象类研究不可能避开的重要关系，既然无法做到完全客观规避，就应该正视和面对，通过不断自我反思找到最合适的身份和沟通方法，以便在第二天有所改进，提高访谈质量。二是对当时所获得信息的反思。将不同访谈资料归类整理，以便对比和互证，特别要对不同访谈对象、甚至是同一访谈对象提供的互斥信息给予关注，尽快求证。除此之外，在研究中期（大概一轮调研全部结束后）还需对整体研究进展进行反思。

4.回访论证

回访论证是干预式研究法的重要环节，也是进行社区治理研究最具现实意义的步骤。区别于以往的社区治理研究，所谓回访论证，即研究者将第一阶段研究成果反馈给曾经调研过的社区，以进一步收集和分析反馈意见的过程。笔者认为，从学术意义上讲，将研究成果与被研究者进行分享和讨论将更有助于研究者确认其研究结论的真实性和可靠性。如果被研究者提出异议则可及时重审研究过程和访谈资料，并通过被研究者的反馈进行对比分析，得出更接近事实的结论；也能够进一步分析产生异议的原因，作为判断可能存在的误差及其大小的参考依据。从现实意义上看，社区实践者往往实践经验丰富但缺乏理论概括能力，其弊端在于无法使有效工作模式化、固定化，保证其可持续性，也不能形成具有可推广性的优秀经验。社区治理创新研究的关注点在于创新经验，社会需要创新推进，但这并不意味我们就要推翻所有属于过去的东西，以资源浪费为代价来创新。当实际经验的总结上升到理论层面后，我们探讨的就不再是具体实践内容，而是具体操作背后的深层原因和理论逻辑。因此，回访论证可以在一定程度上通过对实际工作的理论总结提高相关工作人员的理论能力，授之以鱼同时也授之以渔。

5.理论总结

最后一步理论总结可参见第三步小结的方法。根据各典型街道和社区实际所处社会现状和工作实践的访谈叙事与回访论证，可划定出四个社区治理创新阶段。

（三）社区治理研究方法刍议

1.人文实证主义的本土化导向

如何更好地开展社会现象研究，以真实反映、合理解释、正确预测社会现象及其变化趋势一直是社会学孜孜不倦地探讨的内容。在基本研究范式的指导下，具体开展研究中的“本土化”导向就是国内外社会学者为达成此目标的一种重要尝试。自 20 世纪 20 年代前后社会学从欧美被引入中国起，“本土化”就成为中国社会学界学术活动的重要取向。早期如许世廉、孙本文等我国社会学家直言，“采用欧美社会学上之方法，根据欧美社会学家精密有效的学理，整理中国固有的社会学”，是中国社会学界“今后之急务”。在20世纪50年代至70年代中期，由于社会学学科被取消，中国社会学本土化运动一度处于停滞状态，直到20世纪70年代末至80年代初，随着学科重建，中国社会学本土化运动才再度兴起。不难看出，“本土化”议题始终伴随着我国社会学研究的发展。但时至今日，也有学者开始对“本土化”议题提出反思和疑问，教育科研工作者谢宇曾对“议题本土化”“应用本土化”和“范式本土化”等三种本土化取向进行了重新审视，认为这三种本土化取向“没有一种能够很好地推动中国社会学的发展”。通过前文对人文实证主义的梳理分析和探索，笔者认为，从学科视角和贡献的适用范围来看，这种反思不无道理；而从范式和具体研究方法及其导向的角度看，这种关于“本土化”的认识仍有值得商榷之处。

在笔者看来，中国社会学研究的“本土化”努力的确与西方乃至世界社会学的发展没有本质区别或者矛盾冲突，但尽管如此，我们也不能否认“师夷长技”并“因地制宜”发展更适合本土的理论和技术的重要性，就像中国特色社会主义理论是在马克思主义中国化的基础上诞生的一样，强调中国社区治理研究的本土化和尊重中国乡土特色性、贡献中国传统文化智慧也一样具有理论意义和研究价值，这样的努力不能也不该被称为“伪命题”。更重要的是，中国社区治理研究的本土化努力并不代表对实证主义和定量研究方法的遏制，而恰恰是一种兼容并蓄、取优存真、尊重现实的取向，其同西方研究范式发展方向相同，都是在批判的基础上的继承和延续，看到社会与自然的异同，看到社会中人的能动性和多样性，看到所谓“社会情境”的重要性，从而努力让社会学真正成为对社会发展有所贡献的科学。换言之，所谓“本土化”取向不过是要求研究者一方面借鉴西方已有研究成果、已较为成型的技术手段和可作为指导、启发思想的理论建树，多维度去思考在进行中国社区治理研究时哪些可以借用、哪些可以不考虑、哪些需要创新思路；另一方面则要看到中国五千年历史传承下的乡土本质，看到中国现代社区在行政干预下区别于西方的二重属性，看到“规则”与“人情”在中国“大社会、小社区”中的交融并存。

实际上，在早期中国社会学研究者的笔下就已不乏人文实证主义思想。谢宇先生的文章也提到了费孝通先生，费孝通是中国社会学重建的重要奠基人，当我们以研究方法为重点再次回看他的著作就会发现其中蕴含了大量人文实证主义主旨思想的论述。《怎样做社会研究》一书收录了很多他关于社会学研究意义、中国社会学的成长、在中国开展社会学研究的方法的思考。社区治理研究的长处就是阐明人类生活各节的关联，他在一篇文章中指出：“‘解剖麻雀’的定性分析是社会调查研究的基本方法，这一点不能含糊。但只用这个方法是不够全面的，要规定这个‘麻雀’在全部‘麻雀’中占什么地位，即有多大代表性，那就得进行定量分析。”其他更多相关论点我们不再赘述，但仅从这些就可以看出，其主要观点同人文实证主义范式取向一致，在对社会现象展开具体研究的方法上，中国本土化研究并没有否定实证、定量的重要性，而是在此基础之上更强调“熟悉”和“关系”的意义。

2.本土化路径选择

对社区治理中的社会现象的研究实际上就是对人与人、人与组织、组织与组织之间的关系和互动的研究，研究的开展不仅仅关乎被研究者间的互动，同时也关乎研究者与被研究者的交往甚至是博弈。熟悉被研究地区风土人情、地区特色等是研究者与被研究者建立关系的重要前提，熟悉被研究者则是研究者获得真实有效信息的重要保证，甚至是与其进行博弈的重要“筹码”。值得说明的是，具有主观意识的人及其集合的行动往往也具有较强的可变性和可塑性，是特定时空状态下的一种多维展现，且会跟随着时空的变化而变化，呈现出更多可能性。所以，只有对被研究者和环境极为“熟悉”，研究者才有可能发现并构建多维观察角度，及时感知、把握变动态势，尽可能地接近真实。从这个意义上说，“熟悉”是作为开展本土化——甚至更准确地说——是作为开展本地化社区治理研究的前提，因而至关重要。

中国社会的乡土性和文化中对人伦关系的注重不仅使中国社区及其他各领域的社会现象具有不同于其他国家、地区的特点，更使得我们的研究必须在了解和熟悉的基础上展开。费孝通先生最早对中国社会本质进行判断时就提出了“熟悉社会”的概念，所谓中国社会的乡土性其实也就是对我国传统熟悉社会中“人—人”“人—物”关系和伦理秩序等的概括。因此，只有了解和熟悉错综复杂的人际关系、乡土关系，研究者才能找到最合适的切入点，理顺研究思路和线索，逐步获得更接近真实和本质的信息，然后以客观理性的学术逻辑在各种信息间进行比较和分析，在看似没有“关系”的事件中寻找本质存在的关系和联系，最终形成有价值的研究结论和贡献。当然，如果条件允许，在社区治理研究实践中研究者最好还要尝试将研究结论与被研究者分享，以通过回访论证的方法获得更加接近真实的反馈，并由此实现干预式研究，从而促进社区治理研究成果的实践转化。

二、社区治理专业化的要素

（一）社区治理专业化的内部要素

1.专业化的治理理念

确立专业化的治理理念是构建专业化的社区格局的重要前提。理念决定路径，构建专业化的社区格局首先要确立专业化的治理理念。党的十九大以来，我国社区迈向新时代必然需要与之相应的新的治理理念。宏观上讲，社区应坚持创新、协调、绿色、开放、共享五大发展理念，具体涉及以下三个方面：

第一，坚持多元参与、协同共治的理念。现代的社区已经不同于传统的社区管理，社区专业化的关键就是要吸纳各种专业化的社会力量，使其发挥各自所长以共同处理社区问题。同时，各种社会力量进入社区后，不能各自为政，互不沟通，以自身利益最大化为目标，而是要协同一致，持续互动，共同致力于实现社区公共利益最大化的目标。

第二，坚持以民为本、赋权增能的理念。我国社会主要矛盾已经转化为人民日益增长的美好生活需要和不平衡不充分的发展之间的矛盾。社区的最终目的也是要满足人们的生活需要，促进人的全面发展。因此，整个治理过程都要坚持以民为本的理念。习近平强调，社会治理必须坚持以人民为中心的理念，任何时候都要把人民的利益放在第一位。这同样适用于具体的社区层面，即社区应当尊重居民的意愿，满足居民的诉求，体现居民的意志。但是，以民为本并不意味着只是把居民当成被服务的对象，居民要什么就给什么，而是要尊重居民的主体性，对其赋权增能，帮助他们实现自我管理、自我服务。换言之，社区不仅要懂得服务居民，更要懂得把公共事务的决定权和行动权向居民开放，增强其自治能力和参与效能。

第三，坚持助人助己、共治共享的理念。社区的本质是处理人与人、人与自然的关系，强调助人自助，即在帮助别人的同时注重增强自主解决问题的能力。毫无疑问，这个观念具有很高的价值，目的是增强受助者自我造血的能力。但是，这只是站在受助者的单向立场上考虑问题，而没有站在助人者和受助者的双向立场上看待问题。社区专业化既要秉持助人自助的理念，又要坚持助人助己的立场。现代的社区强调共治共享，只有树立“我为人人，人人为我”的理念，多元参与的动力才能得以强化，共治共享的格局才能得以形成，社区的韧性才能得以培养。

2.专业化的人才队伍

专业化的人才队伍是构建专业化的社区格局的必要条件。习近平指出，加强和创新社会治理的核心是人。社区专业化的首要标志就是拥有一批专业化的社区工作者队伍。目前，很多地方政府都把是否拥有社会工作师资格证书作为社区工作者是否专业化的标准，但这只突出了专业化的知识标准。事实上，社区工作者专业化至少包含三个方面。

第一，专业知识。拥有系统的社区工作理论知识是专业的社区工作者的首要特质。社区工作者首先要掌握国家关于社会治理的大政方针、法律政策，把握社区的大致走向，确保社区的方向和目标与国家的利益和意志一致；其次要了解社区的专有理论，如居民自治理论、协商民主理论、赋权参与理论、自主治理理论、公民社会理论。社区理论是对社区现象的系统性认识，只有掌握了社区理论，才能有效开展社区工作。

第二，专业能力。这里主要指关于社区工作的实际操作能力。社区工作者要善于把理论运用于实践，在实际操作中增强工作能力。这些能力至少包括：①组织居民的能力，即要懂得如何把碎片化的居民组织起来开展自治；②协商沟通的能力，即要懂得如何做好政府与居民的联系纽带，向下传递国家意志，向上表达民众诉求；③链接资源的能力，即要懂得如何开发、利用和整合社区社会资源，优化资源配置，提高资源的使用效率；④策划项目的能力，即要懂得如何根据社区的事务和问题，针对性地策划一些项目，并争取政府或其他组织的帮助和支持；等等。

第三，专业精神。专业精神是在专业能力和专业知识的基础上发展而来的一种对工作极其热爱和投入的品格。社区工作者要始终秉持专业精神，把社区工作当作自己的专有事业，把爱岗敬业当作自己的行为准则，保持专心专注做事的态度和韧劲儿，不断激发自己的优势和潜能，尽最大努力把社区工作做到最好。社区专业化是一个漫长的过程，其间离不开专业精神的内在支撑。

3.专业化的社会组织

专业化的社会组织是构建专业化的社区格局的主要基础。社会组织是指公民自发成立的不同于政府组织、企业组织形态的非营利性、民间性组织，其在社区中具有促进沟通、利用资源、调解矛盾以及满足需求等多种功能，是现代社区的重要主体。社会组织参与社区治理在本质上是一种第三方治理，只有具备专业性的第三方才能弥补政府治理的不足之处。专业化的社会组织至少包含以下三个特质：

第一，组织结构完善。拥有完善合理的内部治理结构是社会组织专业化的首要特征。内部治理结构就是一套能够管理组织运作的制度安排，其首先体现为明确的组织使命、组织目标、组织标识和组织章程；其次体现为清晰的组织架构和职责分工，不过，这是一种利于沟通和协调的扁平化的组织架构，而不是利于命令和控制的科层式架构；最后体现为明确的决策、监督、协调、激励机制，能够保证组织成员积极参与组织活动，最大限度地激发组织成员的能动性和创造性。

第二，服务技能较专业。拥有专业的服务技能是社会组织专业化的核心标志，社会组织之所以能够被纳入社会治理结构就在于其专业技能。这种技能既可以是一种硬技能（如维修技术），也可以是一种软技能（如沟通技巧）。专业的社会组织一般都有专有的服务领域，如心理疏导、矛盾调解、慈善救助等。唯有发挥好自身专业技能，社会组织才能在专有领域实现组织使命和价值。

第三，自主能力较强。专业化的社会组织是一个独立的实体，而不是政府或其他组织的附庸。独立自主是社会组织发展的目标，其发展递进的内涵是自我建设、自我协调，并对国家政策产生正向影响。这种自主能力体现为能够自主决策、自主管理、自主监督，能够自主筹集资源，自主选择服务，并能够把自己的价值和诉求应用于治理实践。当然，这种自主性要在国家法律法规、制度政策的框架内运行。

4.专业化的治理技术

专业化的治理技术是构建专业化的社区格局的内在支撑。所谓治理技术，是治理所使用的工具、方法和行动方案的总称。社区治理过程中面临着由经验性或行政性的方法向专业治理技术转向的问题，现代化的社区治理更需要专业技术的支撑。治理技术主要包括两种：

第一，自然技术。自然技术是自然科学知识在社会实践中的运用，这也是常见的技术类型。互联网技术是一种典型的自然技术，“互联网＋治理”已成为现代社区的战略选择。互联网技术能够打破空间和时间的限制，有效地整合资源、共享信息、促进沟通、组织居民，极大地提高治理效率。更为重要的是，它可以通过技术赋权，促使政府转变职能、简政放权，理顺政社关系。

第二，社会技术。社会技术是社会科学知识在社会实践中的运用，这是近年来新出现的一种技术类型。社会技术是组织协调社会实践活动中各方社会关系的一种方法。当前，美国学者哈里森·欧文（Harrison Owen）创立的开放空间会议技术被广泛运用在社区中。这种社会技术能够为利益相关者营造一个开放、平等、民主的空间，有利于激发行动者的参与热情和参与责任。国内学者结合本土实际，拓展了这种技术的内涵，开发了一套系统的“开放空间会议＋”技术体系。

需要说明的是，社区治理的本质是一项社会工作，社会工作本身也是拥有专业技术的社会实践。因此，应根据实际情况大量采取社会工作的方法而不是行政工作的方法，把个案工作、小组工作和社区工作等社会工作技术充分运用到社区中。

（二）社区治理专业化的结构要素

治理结构影响治理要素的配置。上述四个要素是社区专业化的内部要素，治理结构是社区专业化的外部变量。社区结构是指各种治理主体在社区场域内依靠资源互动进行相互作用的权力模式和关系模式。英国当代社会学家安东尼·吉登斯(Anthony Giddens)的结构化理论表明，结构决定功能，功能要匹配结构。社区结构是否专业化，决定了其他专业化的要素能否被纳入社区结构以及发挥应有作用。专业化的社区结构就是要把专业的治理主体和治理要素吸纳进来，形成一种分工合作、多元共治的格局。

传统的社区是一种一元化的治理结构。在这种总体性结构中，政府作为权力结构的中心，主要依靠行政手段自上而下推动社区建设，其他主体缺乏参与空间和参与渠道。显而易见，这不是一种专业化的治理结构，政府包办了所有事情，社区专业化也就无从谈起。现代化的社区结构应当是社会专业分工的产物。社会面临的问题越来越多、越来越复杂，仅靠单一主体是无法应对的。俗话说得好，专业的人做专业的事，合理分工才能产生效能。社区应当充分运用企业、社会组织、居民等多种主体的特长和潜能，发挥他们的专业优势，共同处理社区事务。

政府的角色是社区结构的核心问题，社区结构实质是政社关系样态的表达。有学者把社区结构分为政府主导型、社区自治型和统合型三种，其实际上是以政府角色为中心塑造的不同政社关系的样态。构建专业化的治理结构，政府就必须树立专业化的理念，主动调整自身角色，注重发挥社会力量的作用。为此，政府一方面要跳出全能政府的思维定式，主动给专业力量让渡治理空间；另一方面要积极培育专业化的治理要素，增强社会力量的业务能力。

（三）社区治理专业化的内在联系

社区治理专业化的四个要素是相互影响、相互建构的，其实质是人、组织和技术的联动。人的专业化是社区治理专业化的核心，社区治理的最终目的也是促进人的发展。人的专业化首先表现为人的理念的专业化。理念是行动的先导，有理念才会有思路，有思路才会有出路。社区工作者是社区的实践操作者，其知识的构成、能力的大小、素质的高低直接影响社区专业化的成效。这就要求社区工作者树立专业理念、掌握专业知识、提升专业能力。专业的社会组织是社区专业化的组织基础。建立组织就是要解决不这么做就无法解决的难题。只有拥有专业的社会组织，才能解决社区碎片化的问题，促进居民组织化参与以及社区社会资源的整合。专业的社会组织是承担政府公共服务职能的重要载体，是政府优化和转变职能的重要推手。专业的治理技术是社区工作得以开展的工具和媒介，任何制度、政策、理念的落地都需要技术支撑。党的十九届四中全会对社会治理体制的表述有重大变化，增加了“民主协商”和“科技支撑”的内容。前者强调把各方主体联动起来的方法，可以被视为一种“软技术”；后者强调对科学技术的综合运用，可以被视为一种“硬技术”。的确，实现社区专业化需要专业的治理技术，否则就会陷入“想法多、办法少”的困境。这些要素可以看作社区专业化的微观基础，除此之外，社区还需要在外部构建一个专业化的治理结构，接受和容纳这些内部要素，以最大限度地激发和释放其活力。社区专业化是内部要素和外部结构共同作用的结果。

第二章　国内外城市社区治理模式及经验借鉴

第一节　国外城市社区治理模式

一、国外城市社区内部治理的模式及相关实例

国内外城市社区治理涉及的基本关系都是政府行为与社区行为的相互关系。根据政府与社区结合的紧密程度的不同，目前国际上的社区治理模式可以分为三大基本类型：一是政府主导模式；二是社区自治模式；三是混合模式。

（一）政府主导模式

政府主导模式的基本特点是政府行为与社区行为紧密结合，政府对社区的干预较为直接和具体，政府在社区建设各种形式的派出机构，社区管理方面的行政性较强，官方色彩较浓。新加坡是政府主导模式的典型代表。新加坡城市社区治理的特点如下：

第一，政府行为与社区行为紧密结合。在新加坡，政府设有专门的社区组织管理部门负责对社区工作进行指导和管理。

第二，社区治理组织体系完善。由政府组织自上而下对社区发展进行治理，职能分明、结构严密、井然有序。在新加坡，社区内主要有三个组织：公民咨询委员会、居民联络所管理委员会和居民委员会。其中，公民咨询委员会地位最高，主要负责把居民的需要和问题反映给政府，并把政府的有关活动安排和政策信息传达给居民。居民联络所管理委员会主要负责举办各种有益的活动，以促进社会团结。居民委员会是社区的第三层次组织，它主要承担治安、环卫、组织本小区内的活动等任务。

这种政府主导型的社区治理模式是由新加坡的历史文化传统、政治经济背景决定的。与西方国家相比，新加坡法治的历史不够长，各项工作主要是由政府主导的，社区组织行政化，社区居民很少参与社区活动的发起、组织以及各项法规的起草与制定。在这种情况下，要促进社区发展，政府主导和社区组织的行政化就不可避免。

（二）社区自治模式

社区自治模式的主要特点是政府行为与社区行为相对分离，政府对社区的干预主要是以间接的方式进行的，其主要职能是制定各种利益关系并为社区成员的民主参与提供制度保障。而社区内的具体事务则完全实行自主自治，与政府部门没有直接的联系。典型的采取社区自治模式的国家是美国。美国的市是州政府的分治区，市政体制采用的是“议行合一”或“议行分设”的地方自治制度，城市社区没有政府基层组织或派出机构，实行高度民主自治，依靠社区自治组织行使社区管理职能。美国城市社区治理的主要特点如下：

第一，社区事务一般由非政府、非营利组织具体操作实施。自 20 世纪 30 年代美国实施罗斯福新政以来，公共机构一直是全美在社区服务中的主导力量。1960 年以后，随着美国“向贫困开战”政策的实施及政府财政方面的紧缩，联邦政府开始重视非营利组织在社区服务和社区发展中的作用。非营利组织在联邦、州和城市社区等各个层次间都建立了组织网络并开展了形式多样的社区服务和社区发展活动。目前，美国有 137 万个非营利组织，遍布全国各地，这些组织机构健全、运作规范，有强烈的责任感，在美国公众心目中的形象很好。

第二，社区规划较为合理。美国在制定社区发展规划时特别强调人与环境的协调，对城市规划中满足社区居民需求、保证居民生活质量的部分考虑得非常细致周到，从整体上把社区规划融合成为城市总体规划的一个有机组成部分，从而保证了周围环境不被破坏。此外，社区规划与文化背景相协调，文化特征较为明显。

第三，公众积极参与社区治理。在美国，公民为自己所在的社区机构或组织提供无偿志愿服务已成为一种自觉意识。美国的社区志愿者在 1990 年已达到 9 840 万人，占成年人口总数的 54%，提供公益服务的机构或组织的绝大部分工作是由志愿者承担的，每年志愿者所贡献的时间在200多亿小时，相当于900万全职工人一年的工作量。因此，美国社区治理基本采用政府规划、指导，社区组织具体实施的运作方式。

第四，强调法治功能，实施依法治理。美国联邦政府自1960年以来相继制定了几部关于城市社区发展的法律法规，如《住宅和社区发展法》《社区再投资法》等。除此之外，各个州、市政府的立法机构也制定了相应的法律法规。

（三）混合模式

混合模式是政府主导模式向社区自治模式发展的过渡模式。在这一模式中，政府对社区发展的干预较为宽松，基本上采用间接手段，政府的主要职能是规划、指导并提供经费支持，官方色彩与民间自治特点在社区发展的许多方面交织在一起。日本是混合模式的代表之一，日本城市社区治理的特征如下：

第一，政府指导、监督社区治理工作的开展。在日本城市社区治理中，政府与社区工作部门分开，但政府仍指导、监督社区的建设工作，并且提供社区建设资金。在政府系统中，由自治省负责社区工作，地方政府设立“社区建设委员会”和“自治活动科”等机构。社区建设资金由政府拨款，而且资金的使用有明确要求，支出严格按照预算和规定条例的标准执行。在城市基层社区层面，日本设有“町会联合会”和“町会”这两个层次的带有行政色彩的自治组织，它们在许多方面分别发挥着类似我国街道和居民委员会的作用。

第二，城市社区治理向民主化、自治化方向发展。政府对城市社区的管理基本上采用间接手段，居民开始主动参与社区管理工作。例如，日本在许多城市设立了地域中心体制管理社区居民工作，这一机构主要负责收集社区居民对地域管理的意见、对市民活动和民间公益团体活动给予支持等。社区居民可以根据自己的意愿、要求提出申请，由地域中心的工作人员在集会场所组织居民讨论问题的解决办法，而政府负责定期对地域中心人员进行考核。

第三，体现以人为本、为民服务的思想意识。日本社区治理模式的总体设想和规划、资金的投向、机构的设置等都体现了以人为本的思想，把为居民服务作为出发点，特别对社区内的老人、儿童和残疾人给予了很多关怀。各社区管理中心都设有相应规模的防灾机构和设施，很多公共场合都有醒目的指示。此外，政府还会定期组织居民进行防灾演习。

二、国外城市社区与外部多元互补的共治模式

20世纪70年代以来，一种被称为商业改进区（BID, business improvement district）的新的城市中心区复兴发展模式在加拿大、美国等西方国家相继出现，并得到越来越多国家的采纳。从20世纪70年代初，加拿大成立第一个BID以来，BID模式迅速扩散到世界其他发达国家和地区。BID堪称当代西方国家城市社区管理中的一大创新，其实施有效促进了城市中心区域的繁荣，极大地提升了居民的生活质量。

（一）BID的产生背景和发展历程

1.BID的产生背景

首先，BID的出现和发展是与20世纪西方国家城市发展过程中的郊区化密不可分的。二战后，西方国家城市的发展进入了大规模的郊区化阶段。随着就业、零售业等的不断郊区化，美国越来越成为一个郊区国家。符合小汽车时代生活方式的郊区商业中心等大型购物设施在郊区大量布局，给城市带来了强大的竞争压力，市中心大量百货商店倒闭，郊区购物中心的兴起使得城市中心成为“多余的空间”，原来繁荣的城市中心区域陷入了人口减少、税收下降、公共服务减少的恶性循环，直接后果是城市社区破败、环境恶化、公共服务质量低下。

其次，在20世纪七八十年代，美国公共管理领域掀起了私有化的浪潮，其理念是公共服务由私人部门或公司提供会更加高效。在一系列因素的影响下，为了重新吸引顾客到城市中心区消费，城市中心区的业主和商户自发地形成了商业改进区发展模式并迅速被各地借鉴。许多学者认为，BID模式不仅成为现代都市治理中的一个重要部分，而且契合了政府治理中倡导的以公私合作等灵活的制度安排来解决有关问题的思想。

2.BID的发展历程

位于加拿大多伦多的布洛尔西村是世界上第一个商业改进区，在1969年末由安大

略省立法通过并批准成立，于 1970 年正式成立。直到现在，这个商业改进区仍然运行良好。从 1970 年开始，BID 模式迅速扩散到加拿大其他城市。据估计，到 20 世纪末期，加拿大约有 300 个以上的 BID 组织。

美国的第一个 BID 是 1975 年在新奥尔良成立的。到 20 世纪末期，美国有 42 个州建立了四百多个 BID，其中加利福尼亚州、纽约州、新泽西州、北卡罗来纳州、威斯康星州五个州的 BID 数量占总数的 64%以上。其他地区和国家也有类似的 BID 组织，主要分布于西欧、澳大利亚、新西兰、南非、日本等。据估计，世界上大部分的 BID 是在 20 世纪 90 年代以后才建立的。到 21 世纪初期，全世界的 BID 组织超过 1 200 个。

（二）BID 的服务功能和成立步骤

1.BID 的服务功能

BID 通常提供街道和人行道维护、公共安全维护、公园和公共空间维护、市场营销等服务，这些服务通常被认为是政府提供的公共服务的有效补充。根据 BID 的规模不同，其提供的服务也不尽相同。小规模的 BID 一般参与区域内的外表等物质性的维护；中等规模的 BID 则主要集中于举办商业营销活动；大型的 BID 除了维护和营销外，还参与资本改进计划等。另外，BID 的功能还与其资源基础、商业类型、主要股东的构成以及所在社区的富裕程度有关。BID 的服务内容在不同的国家有不同的侧重点。例如，根据一项 BID 调查，南非的 BID 提供的服务主要是安全，约翰内斯堡的 BID 的 3/4 的预算花在安全方面，而费城的 BID 则只花费 1/4 的预算在安全方面，而市场营销则是加拿大、美国、新西兰的 BID 提供的最为普遍的服务。

2.BID 的成立步骤

BID 的成立需要经过规划调查、征求公众意见、司法授权三个步骤。以纽约市的 BID 为例，纽约市拥有 BID 组织 64 个，每年为纽约的 5 个行政区的社区提供价值超过 1 亿美元的服务。根据纽约小型商业服务组织的规定，在纽约市成立 BID 的步骤如下：

第一阶段是规划调查。有意向成立 BID 的商业社区首先要联系市政主管部门，即小型商业服务组织，在其协助下开展前期工作，在这一阶段要明确该区域是否有必要成立 BID。如果确实有必要成立 BID，则成立一个 BID 指导委员会进行情况调查并形成详细规划，包括 BID 的服务类型、改进措施、范围、成本、第一年预算、税额征收程序等。

第二阶段是扩大化调查。这一阶段主要通过公开投票会议征求业主、商户的意见，业主、商户投票表决，形成一系列的文书送交小型商业服务组织审核。

第三阶段是小型商业服务组织审核并商议。如果大多数业主、商户持支持意见，则小型商业服务组织将审议通过并正式立法规定相关事宜。BID成立后，由社区业主、商户成立董事会，负责该BID区域发展计划的制定，同时成立执行委员会并聘请职业经理人或公司负责各项具体事务。

不同国家BID的运营经费来源多种多样，美国有50%以上的BID获得捐助，而新西兰和加拿大则有40%以上的BID获得政府补贴和资助。

（三）BID的积极影响和社区作用

BID 发展模式的实施，有力地改变了城市中心区与郊区商业中心竞争中的不利境地，通过提供高质量的公共服务，使商业社区更加整洁、安全和富有吸引力，越来越多的人愿意到城市中心去工作、娱乐和居住，城市中心区域的人口明显回升，城市中心明显得到复苏。BID模式对社区发展的作用主要体现在以下几个方面：

1.改善了市场供给失灵的问题

BID有效提升了当地公共物品供给的水平和质量，改善了市场供给失灵的问题。按照市场经济发展理论，政府为确保经济发展向纳税人提供基本的公共服务，但政府在提供这些服务时会有失灵现象。某些时候，由政府完全主导的公共选择行为会出现短视、违反社会公益的问题，但完全由私人组织或部门提供的公共服务也存在很多不足。BID提供的很多服务如维护、清洁、绿化等弥补了政府在这些方面的不足，在社区治安、道路治理以及导购宣传等方面提供了高质量服务。

2.提供了社区商业共享服务

BID提供了高质量服务，使社区的吸引力得到提升。BID成功地为区域内商业活动提供了共享服务，使得商业区域更加富有吸引力。以洛杉矶的BID为例，自从BID成立后，社区的吸引力得到提升。BID提供的清洁、绿化等服务创造了良好的自然环境，其举办的各种节日促销活动也很吸引人，促进了社区内居民的交流互动，提升了社区居民的生活质量。

3.增加了社区地产价值

随着 BID 的实施，社区环境得到改善，居民的生活质量得到提高，商业区人气旺盛，商业区的物业价值也逐渐增加。尽管 BID 的规模不同，其对区域地产价值的影响不同，但总体上其所在区域的地产价值都得到了提升。

4.减少了社区财产犯罪行为

安全是 BID 模式中的重要方面。通过增加治安人员、开发电子安全系统等服务，BID 内的一般犯罪率下降很快。同未采用 BID 模式的周边城市比较，实施 BID 后，预防暴力犯罪的成本下降至 21 000 美元，远远低于 57 000 美元的一般成本。与没有 BID 的商业区域相比，拥有 BID 的区域的财产犯罪率更低，而且其周边街区的犯罪率也较低。在费城的实证研究中发现，BID 的安全服务对诸如偷窃、抢劫之类的犯罪行为具有明显的威慑作用。

5.创造了社区居民就业机会

BID 的实施有效激活了城市中心的商业发展和就业，促进了地区发展。不但 BID 本身需要很多雇员，提供了很多就业机会，而且其下属的维护街道、导购、治安等岗位解决了社区内的部分就业问题。另外，社区内商业的繁荣又容纳了大量的服务性就业。

（四）BID 的发展经验和我国对策

西方发达国家的 BID 是在西方国家特定的社会经济背景下产生和发展的。BID 模式的存在和发展对促进城市社区复兴和经济发展起到了积极的作用。改革开放以来，尤其是 20 世纪 90 年代以来，我国大城市的商业空间被各种因素重构，不少原来繁华的商业中心逐渐衰落，在这种情况下，积极吸取西方城市商业改进区发展的经验对我国城市商业街区发展具有重要的启示意义。

例如，上海商业中心体系主要包括：市级商业中心，包括南京东路、淮海中路等享誉沪内外的商业中心；各个区的商业中心，如老西门、曹家渡等；社区一级的商业中心。1990 年以来，由于各种因素的影响，上海商业中心等级体系发生了一定的重构。由于轨道交通的发展、私家车的普及，大卖场、大型购物中心、郊区购物中心等迅速发展，造成部分商业中心尤其是商业街逐渐衰落，如四川北路商业街，而另外一些商业中心则发展成为市级商业中心，如五角场地区、虹桥地区、宝钢地区、上海康城等。

国内商业中心和商业街存在的问题主要有：经营模式和商品相似度高，特色不够；各级政府和商家各自为政，忽视区域商业文化的塑造，而政府在商业中心管理和服务中也存在不足；顾客的购物体验不好、愉悦度不高。要解决这些问题，除了做好商业体系规划、实施差异化发展战略之外，还应该参考BID发展模式。具体来说，可以从以下方面做起：

首先，重视非政府组织在街区发展中的作用，弥补政府在公共服务方面的失灵。在商业中心规划和建设中，应充分尊重和考虑住户、业主等各方团体的利益诉求，寻求公共利益的最大化。BID发展模式表明，非政府组织在城市社会生活中起到很好的融合作用。因此，政府应该鼓励各种非政府组织在法律法规框架内为城市和谐发展提供服务，目标是实现区域内的可持续发展，提高居民的生活质量。

其次，注重商业街区整体营销。随着城市郊区化的发展，城市郊区商业中心已经足以同城市中心区商业中心和商业街进行竞争，私家车的普及更是凸显了郊区购物中心的优势。在这种情况下，中心城区商业中心和商业街应该利用自身优势，整合各方力量，提升竞争力，从而重新赢得消费者，主要措施包括：加强商业中心功能分工，如淮海路被打造成精品购物街，南京西路则被打造成顶级消费区域，互相补充，良性竞争；加强利用交通进入优势，中心城区的主要商业中心目前大都已通过轨道交通加强了可进入性，但还应该通过地下通道等加强商家之间的联通；加强购物环境建设，为顾客提供优质的服务，包括自然环境、娱乐和休息设施等的建设，制作导购手册等为消费者提供多方信息；加强整体营销，建议政府出台政策，支持商家尤其是商业街有关商家和住户通过法律约定，在政府指导下成立集体自主治理的法人，自主管理商业区域的部分事务，提升商业街区整体的竞争力以及临街住户的生活质量。

第二节　国内城市社区治理模式

一、国内城市社区治理模式的主要类型

社区在实现经济和社会的发展以及维护国家的稳定等方面发挥着基础作用。英国学者吉登斯（Anthony Giddens）说：“社区这一主题是新兴政治的根本所在。”管理是一门学科，是设计并保持一种良好的环境，使人们在群体里高效率地完成既定目标的过程，对我国城市社区治理模式的研究有着重要意义。

在单位制的时代，国家还处于计划经济时代，社区的管理全由单位负责。单位对我国城市居民具有非常重要的意义，所有居民的衣、食、住、行都与单位息息相关。随着市场经济的逐步确立，社区治理的意义逐步显现了。在公共管理之前，还曾流行另一术语——公共行政，它强调政府部门通过法律对公共事务进行管理。社区管理需要政府起一定的作用。在我国，根据政府作用的不同，社区治理模式分为政府主导型、社区主导与政府支持结合型、政府推动和社区自治结合型、政社分离居民自治型。

（一）政府主导型

政府主导型的社区治理主要以上海市为代表。上海市的模式主要为“两级政府、三级管理、四级网络”，社区的管理系统由领导系统、执行系统、支持系统构成。

上海市的做法是将社区的管理定位在街道，它将过去的党政权力下放到街道办事处，通过政府推进社区发展。1996 年，上海市为了适应社会转型期的管理，提出“两级政府、三级管理、四级网络”的特大城市社区建设管理模式，对其他城市特别是大中城市影响很大。政府推进、社会参与、民主自治、社区服务市场化运作逐渐成为上海市社区建设的主要模式。这种模式强调用行政力量推动社区建设，用网格理念进行社区管理，创造性地围绕社区事务受理中心、社区服务中心、社区活动中心这“三个中心”整合社区资源。社区事务受理中心是一个综合性的行政事务处理平台，主要承担街道办事处剥离的各种具体行政事务以及区政府职能部门派出机构委托的事务性工作。在服务形式

上，可以内设条线的受理窗口，也可以利用电话、网络形成快速的信息通道，以方便社区居民和其他社会组织办事，实行“进一扇门，办百家事”的“一门式”服务。社区服务中心视社会发展和居民需求情况，对其功能作重新调整和定位，主要起社区服务中介、提供培训和指导、加强管理等作用。社区活动中心则根据社区建设和社区居民的精神文化需求，开展文化娱乐、教育培训、体育健身等各种各样丰富多彩的活动以提高社区居民的素质。

另外，在推进基层民主建设、民主管理的实践中，各区积极探索创造了广大群众民主参与的各种载体和形式并形成了许多典型。例如，卢湾区建立了社会听证会、协调会、评议会“三会”制度，让社区居民群众评议政府工作、协调社区事务。黄浦区南京东路街道在承兴居委会开展了居民自治的试点，街道不再向居委会安排额外任务，居委会集中精力办好居民群众的事。政府出资购买服务，比如浦东、黄浦、卢湾、普陀等区，将老年活动室等社区服务设施委托给民间组织代为管理，从而改善了目前社区服务设施管理不善、效率低下的情况。

在这种治理模式下，政府不仅派出机构和职能部门对社区规划和管理发挥领导作用，同时还会协调社会性组织和居民志愿参与，借助行政力量培养居民的自治能力与意识，推动居民参与社区的各项治理事务。该模式的主要特点：一是党与政府在其中起绝对主导的作用，街道党工委在管理社区内具有决策权、干部任免权、重大事项决策权、党风政纪监督权、基层党组织和党员管辖权，而街道的办事处有部分城区规划时的参与权、属地管理权等；二是加强社区管理的执行力度，社区里的各个委员会会对社区内的社会发展和建设工作进行协调和管理，协助党工委进行社区治安的综合治理工作；三是发挥社区居民以及群众组织的积极性，社区服务咨询协商委员会由各代表组成，运行方式与社区居委会类似。社区内的自治监督机构，如小区事务监督委员会，对居委会及成员的工作进行评议。

（二）社区主导与政府支持结合型

2000年，武汉市江汉区开始推行政府职能社区化的实践，把重心下放到社区，明确政府和社区之间的关系，定位政府的行为边界，创新体制推动政府在职能上的改变，实行社区自治。武汉市江汉区以社区为依托，通过构建微观自治组织体系，转变政府职能，提升社区自治功能，创新管理机制与社区自治机制并分为三个阶段逐步加以实施。

首先，是近期社区培育阶段，即调整社区规模，构建新型社区组织，理顺社区各方面关系，初步建立政府倡导、政策引导、基本自治的基层社区治理模式。

其次，是中期社区发展阶段，即稳步推进社区制度的变迁和转型，实现政府职能的根本改变，基本实现城市基层管理体制的重心由行政调控向法制保障下的社区居民自我调控体制转变。

最后，是远期社区自治完善阶段，即以扩大社区基层民主为主要内容的依法自治，全面提升社区功能。通过主动转变政府的职能，转变居委会与街道办事处的行政上下级关系为指导与协助、服务与监督的关系，力图建立一种行政调控机制与社区自治机制结合、行政功能与自治功能互补、行政资源与社会资源整合、政府力量与社会力量互动的社区治理模式。

宁波市的社区治理也体现了这一模式。宁波市在治理结构方面实行“选聘分离＋社区直选＋社工职业化”三项制度结合的方式。所谓选聘分离，主要是指居委会下设办公室由政府出资，居委会聘用，专职社区工作者供职，这样保证了居委会的自治属性，也为社区直接选举和社工职业化提供了空间和条件。此外，宁波市还是全国唯一的全面实行社区群众满意度评估制度的城市。2005 年起，宁波市开始改变传统的行政主导的社区评估方式，开始在海曙区试点，重构社区发展的价值观，2008 年在全市社区全面推开。在公共服务的供给方面，宁波市强调以需求为导向，最大限度地实现供需对接，实现“公共服务—居民需求—产业发展—就业创业”的多层次供需对接；强调政府引导下的多元参与，在政府的引导下推动社会提升自我管理能力。对于一些同质性的服务，宁波市采取统一的行政化方式，对于一些个性化、分散的需求，宁波市采用以项目为载体的多元伙伴式复合服务供给方式。最为典型的是在全国具有相当影响力的“81890”服务模式，它是海曙区委、区政府为了解决社会供需信息不对称，不断提高市民的生活质量，着力建设服务型政府而建立的公共信息服务平台。其亮点在于创新服务理念，极大地提高了人民的生活质量，同时带动了家庭服务产业的发展，创造出大量的就业岗位。

在这种模式下，政府只是社区管理的外在动力，社区内的组织是社区治理的内在动力。这种模式的主要特点：一是确定居委会同街道以及政府的指导部门的职责，明确监督与服务的关系，保障居委会自治的实现，建立激励居民自治的机制；二是政府的职能面向社区，工作中心下移；三是费随事走，权随责走，提供社会服务的责任由政府向社区转移时，工作经费也必须同时转移，政府部门必须为社区提供权利和经费；四是责任到人，监督到人。

（三）政府推动与社区自治结合型

政府推动与社区自治结合型的模式主要是指沈阳市的社区治理模式。沈阳市是重工业基地，在由计划经济向市场经济转型时期，沈阳市共有50万的下岗职工和近70万的离退休职工。社会矛盾给沈阳市的社会管理带来了巨大的挑战。在此种背景下，沈阳市推动了从行政管理过渡到社区自治管理的改革，使社区成为居民自治管理的载体。沈阳市对社区进行划分和调整，将社区定位在街道办事处和居委会之间，依据地缘关系、居民认同、管理效能等将社区划分为“版块型社区”“小区型社区”“单位型社区”“功能型社区”，然后建立了新的社区组织体系。这个体系分为社区管理领导者、社区管理决策者、社区管理执行者、社区管理协商议事者。社区的领导者是社区党员组织，他们由社区党大会或者党员代表大会选举得到。社区管理决策者由社区单位代表和社区的居民组成，他们是社区管理的最高权力机关，每年定期召开议会，决定社区内的各种事项。社区管理的执行者是社区委员会，他们完全由选民投票选举产生，取代居民委员会，但居委会的名字仍然保留。社区委员会由户籍民警、物业人员等组成，负责对社区成员代表大会的报告工作。社区管理协商议事者成员主要由社区内人大代表、政协委员、知名人士、单位代表、居民代表构成，其职能在代表大会期间行使，并且有权对委员会的工作提出建议或进行监督。此模式最大的特点就是借鉴了我国基本政权机构的设置和国家层面政权机构的权利与义务关系，不仅依靠政府，同时还依靠民主的力量。

（四）政社分离居民自治型

青岛市创新了基层社区治理的模式，而它的特点是以民政系统为主导，以社区服务为重点，实行政社分开、居民自治。居委会、街道、社区各成一体，并且建立了三级的组织机构。社区一级成立的是社区建设指导委员会，街道一级成立的是社区建设协调委员会，居委会一级成立的是社区建设管理委员会。民政部起协调作用，发挥协助的作用，做好协调和沟通的工作，同时还要承担培养典型、评比先进、督导工作的责任。此外，青岛市还成立了社区、街道、居委会三级的社区服务中心，以社区服务为重点，通过强化服务功能、公共管理功能、稳定功能、文化教育功能等社区功能发展社区，将城市管理转化为服务。

2010 年 6 月，北京市宣武区牛街街道办事处因首创城市多民族聚集社区社会工作服务模式闻名中国。它是以城市多民族聚集区为基础的民族宗教整合型社会工作服务体系，以城市少数民族聚集社区为基础开展服务。该模式社会服务范围广泛，内容多样，主要为牛街社区居民提供多样化与民族化的社会服务，主要特色是为回民提供连续性与民族化的社会服务，涵盖了回民婚庆服务、回民妇幼保健、幼儿园、中学、“民生街”、清真超市、回民医院、回民殡葬所等服务。

目前看来，每个模式在现阶段都有其存在的合理性。就上海市的社区治理模式而言，行政性的特征似乎不符合现代社会发展的趋势，因为强大的行政力量使得社会力量非常微弱。因此，多数人不赞同这种模式。但是，近几年上海市的社区建设日新月异，社区服务、社区环境、社区文化等在政府的强势推动下取得了突飞猛进的发展，有效地调动了居民的参与热情。为了建立长效机制，上海市还开展了居委会的直选工作，将行政推动的外在机制和社区发展的内在机制结合起来。就沈阳市的社区治理模式而言，虽然其在制度设计上充分考虑了社区自治的因素，但如何处理行政权力仍是个关键问题。因为在目前的社区中，除了成熟的政府组织以及居委会外，其他社会组织缺乏足够的资源和权威，它们还没有足够的能力代替政府部门组织居民管理公共事务，居民也缺乏自组织的意识，社区参与程度低。同时，政府部门掌握着过多的资源，仍然是社区管理的主体，在没有约束的情况下，要让政府自己退出、将权力主动向社会分化是非常困难的。由于利益驱动，政府很容易看到它与社会之间的张力，而容易忽视两者之间的合力。

二、国内社区营造的动机

伴随着我国城市化速度的放缓，城市规划关注的主题从增量规划转向存量规划。社区营造契合了当前社会发展的主要方向，为解决我国社会的主要矛盾提供了新的思路。在我国改革开放后的快速城市化过程中，城市生活中人与人、人与环境之间的疏离感越来越强，居民甚至无法察觉自己身边发生的事。社区营造是为了在目前冷漠与疏离的邻里中恢复或重建“社区感”而增强社区培力机制的过程。社区营造的目的是营造美好家园和实现社区永续发展，其最终目标是营造“新社会、新文化、新人文”的氛围。

（一）社区营造概念的界定

不同学者对社区营造概念的定义不同。德国社会学家滕尼斯的代表作《共同体与社会——纯粹社会学的基本概念》一书中，指通过血缘、邻里和朋友关系建立起来的人群组合，即由聚居在一定范围内的人们所组成的社会生活共同体。夏铸九认为，拥有社区意识的人才是社区的主体，没有这样的主体，就不会有社区存在。社区发展问题是社会领域的问题，离不开空间组织及物质设施环境。相应地，社区营造通常包括社群和社区两个层面的内容，一个侧重居住在同一地区人们之间的关系和情感联系，另一个侧重人们与生活环境之间形成的社会与心理联系。在社群层面，赵民、张天洁等人着重强调社区营造是自组织的过程，主要探讨社区营造中不涉及立法、制度的一种居民自组织过程；而张婷婷、莫筱筱等人既强调人与人关系的营造，也重视法律、规则等制度的确立。在社区层面，黄瑞茂侧重将社区营造落实到真实空间中的方法，即通过空间设计的手段带来生活上的改变；赵容慧、刘雨菡等重点关注艺术介入社区营造物质空间过程。在众多学者的社区营造概念中，可以辨析出两个层面的内容，即构建人与人之间、人与地之间关系的内容。综合以上观点，笔者认为可以将社区营造概括为依托社区物质与非物质环境改善行动、提升社区的社会资本及实现社区培力、社区自组织和自治理的过程。

（二）社区营造实践现状

1.社区营造的出现与传播

西方国家的社区营造是根植于西方近代城市发展的世界性运动。社区营造最早出现于英国，七橡树小镇为社区文化营造的典型代表，七橡树小镇进行了多层次的文化营造，以自然课堂和运动教育重塑自然文化环境，并设定多样的节日传承小镇文化。

日本的社区营造产生于20世纪60年代至20世纪70年代，即所谓的“造町”。日本社区营造的涵盖面十分广阔，千叶大学教授宫崎清将其分为“人”“文”“地”“产”“景”五大类。进入20世纪90年代后，日本通过了《特定非营利活动促进法》，这项法律进一步促进了以民间特定非营利活动法人为组织形式的社区建设，使公众参与社区营造制度化、合法化和常态化。

20世纪90年代，台湾引入日本社区营造的概念，目标是振兴本土文化，对生活区尤其是乡村社区提出本土化的建设方针，进行社区总体营造，取得了令人瞩目的成绩。台湾为了改变自上而下、政府全面主导的传统规划模式，在社区营造的实际操作过程中强调公众参与方式，形成政府、非营利组织和社区三者之间的良性互动和合作伙伴关系。台湾的社区营造已经进行了二十多年，使得社区营造从一个模糊的概念逐渐变成了台湾学界与社群的共识。

韩国社区营造萌芽于20世纪90年代，它取代了由国家及政府主导的常规性城市规划方法，让社区居民主动关心自己生活的空间，积极发现需要改善的各种社区问题，并利用地区固有的特色资源直接参与环境改造活动。

2.社区营造在我国的发展现状

我国在社区营造方面已经开展了很多实践，如北京地区的“清河实验”、北京大栅栏地区对老旧街区的社区建设研究实践等。北京市城市规划设计研究院赵幸等在北京东四南历史街区开展了社区营造实践，史家胡同的社区营造聚焦于胡同风貌环境改善和社区精神凝聚，调动当地居民参与其中，为共同家园的营造贡献自身力量。重庆大学黄瓴等人在重庆地区开展了一系列社区更新研究与实践，着力开展修补规划及社区营造方面的实践。广州以李郇、邓昭华、叶敏等为代表的学者，对社区营造进行了一定的实践探索。例如，中山大学李郇以“美好环境与和谐社会共同缔造”为主题，在云浮、厦门等地发动群众共同参与社区公共事务，增强认同感、归属感；广州竹丝岗社区在叶敏、何志森的带领下积极通过艺术介入社区及工作坊等形式培育“社区感”。上海以李彦伯为代表，在“郚坊里弄”开展社区营造项目，激发社区营造新活力，完善社区治理新体系。

目前，社区营造的实践集中在一线城市，对乡村社区和新城镇问题的关注不足。同时，社区营造缺乏本土地区的独创性，基本沿袭台湾的模式，缺少对社区营造的内在动力和外在约束条件的研究。社区营造的工作内容主要聚焦于物质环境改造，对制度创新和培育社会资本的尝试较少。

（三）社区营造研究现状

目前，国内围绕社区营造的研究主要在社区营造的基础理论、行动模式和具体方法三个领域展开。

1.社区营造的基础理论：社会资本与公众参与

唐杰通过对社区资本概念的引入，阐述了社区营造的关键在于社会资本的积累。他通过南京景明佳园社区营造案例说明了在培育社区资本的过程中构建第三方平台的重要性，并指出社会资本主导重建将是未来社区的发展趋势。张婷婷指出，居民的责任感和认同感来自政府主体培养。她从台湾社区营造演变出发，指出其成功之处主要有以下方面：积极完善基础设施建设，鼓励公众参与，多方协作形成合力机制，其本质是让人民当家作主，实现社区赋权、人民赋权的过程。

社区营造的基础理论主要来自社会资本和公众参与两个领域。社会资本与自组织理论的研究采取偏于宏观和社会的视角，更强调自上而下的治理手段，通过政策或制度设计培育社区资本，改善社区生活。公众参与规划设计偏向微观和行动，借助环境塑造或社区活动调动居民参与社区生活的积极性。

在社区营造的原生理论探索方面，较为突出的是清华大学社会学系教授罗家德创办的国内第一个专注于“社区营造”的研究中心——清华大学社会科学学院信义社区营造研究中心。该中心成立于 2011 年，介绍了台湾社区营造实践与研究成果，组织编写了“社区营造书系”，以推广社区营造的理念。

2.社区营造的行动模式

从我国大陆与台湾地区众多的社区营造实践总结和理论研究中，可以辨析出四种类型的社区营造行动模式。

（1）社区生活介入类型

黄瑞茂认为，社区营造是一种社会运动和共同的社会经验。这种社区生活介入的社区营造能帮助规划、设计、管理等领域的专业人员在许多真实的规划场所中逐渐认识到社会的结构性问题，感受社会环境变动下的社区培力与实践的可能性，继而主张有效地以专业技能与认知介入社区环境改造工作。

（2）艺术介入类型

赵容慧从艺术介入的背景出发，搭建艺术介入新农村社区营造的框架，并剖析台湾台南市土沟社区营造实践的经验。以艺术介入的方式进行社区营造，一般是从文化历史重建与文化艺术的角度介入社区发展，强调社区参与，整合地方文化、社会与经济等资源，解决整体环境所面临的问题。

（3）灾后重建类型

梁艳指出灾后社区营造不仅仅是满足短期的生活需求的营造，更应以人为本，重视居民的精神文明建设，使人的生活、生产方式与社区的形式建设同步进行，其本质是充分利用各种社区资源，使社区主体充分参与社区发展过程。重建时，不仅仅要考虑地域、风貌、文化、产业等方面的差异，还要考虑居民、援建者、政府等不同主体在重建思路等方面的差别。

（4）历史古迹保护类型

魏成强调地区民众是古迹保护的主体，指出20世纪90年代以来的社区总体营造和文化政策的转变，对台湾地区古迹保护起到了关键的推动作用，扭转了过去相对保守与静态的旧有保护观念，为古迹保护注入了新的活力。此类型的社区营造将为历史古迹的可持续保护提供支持。

以上社区营造的四种行动模式类型代表了目前绝大多数的社区营造行动的方向。四种模式虽各不相同，但其目的却有一致性：改善社区中人与人的关系，协调社区中人与环境之间的关系。

3.社区营造的流程、方法与原则

无论是政府部门，还是外来社会组织，在进入一个社区进行社区营造时均需要一定的步骤与方法。喻肇青在《落地生根：台湾社区营造的理论与实践》中将社区行动的内容分为六个部分：启动阶段、酝酿阶段、发掘阶段、憧憬阶段、计划阶段、执行阶段。罗家德在《社区营造的理论、流程与案例》中指出社区营造实务工作的五大流程：社区资源与需求调查、社区营造培训、微公益创投、培育社区自组织、组织评估。不同学者提出的社区营造流程都包含几个关键步骤：①对现有的社区资源进行整体的评价和梳理；②培养社区营造专业人才，引领社区未来的发展方向；③选择社区发展的切入点。

各地社区营造较多采用了参与式社区工作坊的形式，从内容上看可明显分为两类：①以社区软件营造为主体，工作坊的主要内容有发行社区刊物、举办社区读书会、撰写社区历史资料、开展社区艺术展览等。梁艳在台中埔里镇桃米社区的案例研究中，通过推行环保运动、开发社区研习班的方式来进行社区营造，“清溪活动”组织居民对拥堵的溪水进行清理，使其恢复本来的生态面貌。②以社区硬件营造为主体，通过改造物质环境的方法，对居民的活动、行为产生积极的影响，比如社区的美化绿化、社区地图等。赵容慧在台湾土沟社区的改造中，针对现状条件进行了物质空间的改造，包含道路景观改善、家户空间艺术改造和对既有营造点的艺术改造等。

社区营造除参与式社区工作坊的形式外，还有政府与社区组织共同主导下的社区营造。学者魏寒宾基于政府引导与政民合作的韩国社区营造，以首尔市社区共同体营造为实证，研究由政府帮扶、居民自发确立规划提议并予以实施的社区营造：社区内部主体主导下的持续营建也是社区营造的另一种形式。西村幸夫在《再造魅力故乡》一书中以小樽社区营造为例，研究以市民运动为核心，自下而上整合自身资源且扩大影响力的社区营造方式。

对于社区营造流程、方法的研究，呈现出复杂性和多变性的特点。社区营造面对的是千变万化、各具特色的社区，参与者需要在实际操作中不断地进行思考，将工作流程和方法与当地实际情况相结合，在把握主要原则的基础上，实现社区活力的再生和社区资本的积累。

国内社区营造实践与研究才刚刚起步，在社区营造方面的探索和思考尝试结合本土特性，体现了创新与探索精神。但是，现有的文献资料也显现出了普遍性的问题，各地区的社区营造实践仍处于初步总结阶段，对于本土化的社区营造应该如何去做、社区营造的动力机制是什么、各个利益团体的相互博弈过程及不同地区社区营造的约束条件尚缺乏清晰和系统的研究。在对社区营造历史的研究和认识中，文化价值、空间形态、街区经营是推动社区永续经营的重要因素，需要对其进行充分挖掘以实现社区集体记忆、都市纹理的重新塑造。目前，研究缺乏对这些方面的深入挖掘，对不同地区的文化趋向的论述也较少，这应成为未来社区营造理论研究的重要发展方向。

第三节　国内外城市社区治理的经验借鉴

研究和借鉴国外先进的社区理论，总结国内社区建设与管理领域的经验，对当下推动我国城市社区建设与管理创新具有重要意义。当前，我国社会正处于一个快速转型的时期，社会生活的形式和内容都发生了巨大的变化，出现大量新的社会现象和社会问题，社会结构、社会功能、人们的生活方式和社会需求、社会组织间的相互关系等都日益趋于多元化。市场经济体制的建立、多元利益主体的出现导致社区组织单一的纵向互动模式被打破，社区内个人组织间的横向关系大大加强，社区管理的内在需求呼唤一种多元化治理模式的出现。国内外社区建设与治理模式对我们的实践与研究有很大的启发意义，各城市应结合基本市情在充分吸收和借鉴国内外成功经验的基础上走符合自身发展的道路。

一、明确政府和社区之间的关系

经济发展与社会转型带来了国家与社会之间关系的调整，在城市社区治理中体现为社区多元主体的发展和社区自治性的成长，这为社区共治的实现提供了基础。明确政府与社区的关系，首先，有利于基层政府加快职能转变，充分发挥引导、支持作用，整合社会中不同的资源，以居民的需求为导向拓展社区服务；其次，有利于各级财政部门明确社区治理中的责任，加大社区公共设施、社区服务供给、社区福利和保障等方面的投入。

二、推动居民的社区参与

居民参与是反映社区自治程度的一项重要标志，社区的真正主体是居民。国外社区治理的经验表明，政府和公民是平等对话的关系，所以居民应该像政府一样承担起社区治理的责任。针对目前我国城市社区居民参与意识薄弱和参与机制缺乏的状况，政府应积极培育居民的社区意识，通过社区直接选举、贴近家庭生活的宣传、开放讨论社区热点问题等方式吸引居民积极参与社区治理，逐步提升社区居民自主管理社区事务的能力。

三、扩大基层民主

健全基层自治组织和民主管理制度，完善公开办事制度，保证人民群众依法行使民主权利，管理基层公共事务和公益事业，对干部实行民主监督。健全基层党组织领导的充满活力的基层群众自治机制，扩大基层群众自治范围，完善民主管理制度，把社区建设成为管理有序、服务完善、文明祥和的社会生活共同体。

四、做好社区服务

国内外成功的社区建设典型无一不重视社区服务体系的完善。社区建设体现了一批人所发生的地缘关系和互助合作关系，包含着许多服务性内容。大力做好社区服务，要根据实际，重点开展面向个体居民的便民利民服务、面向弱势群体（特别是满足弱势群体在就业、医疗、住房、子女入学等方面的需求）的社会救助和社会保障服务，应该坚持社会化、专业化的社区服务发展方向，最大限度地满足居民群众的需求；大力整合社会人力、财力、自然及人文历史资源等各方面的资源，促进社区建设健康、和谐、可持续发展。

五、着力培育和发展社区非营利组织

国内外社区治理经验表明，社区非营利组织在缓解社会冲突方面起着重要的润滑剂作用。费孝通认为，社区组织的出现是居民实际生活的需要。国外对社区非营利组织持积极的态度，鼓励其参与城市社区的治理和发展，给予投入社会公益事业的社会组织一定的优惠政策，特别是资金补贴。这些做法对我国培育和扶持非营利组织，改变我国社区社会组织力量薄弱的状况有着重要的借鉴意义。

第三章　我国城市社区治理的现状及趋势

第一节　我国城市社区规划的现状及发展趋势

城市社区规划就是以社区为单位进行的规划，又称社区计划或社区设计，它是运用系统分析技术，决定最佳行动方案，以达到预定目标，解决社区共同问题，引导社区变迁的理性决策方法。社区规划可分为两个层面：①全社区的总规划，是将整个社区的经济、教育、卫生、福利、交通等方面综合起来拟订的发展计划。②各部门的规划，即社区各业务机构按社区总规划的分工拟订的具体工作方案。前一方式为集中式，后一方式为协调式。社区规划的总目标或长期目标是全面提高居民的生活质量，促进社区发展，实现国家整体建设；社区规划的分目标或短期目标是根据社区当前需要，解决社区面临的各种问题，逐步改善社区的生活条件。

一、我国城市社区规划的现状

随着我国人民生活水平的提高，人们越来越重视自身的居住条件，这就决定了城市的规划要把社区规划作为一个重点来抓。通过对当前我国社区规划的研究不难发现，现在我国的社区规划大致分为城市扩展过程中的新区开发和对原有社区进行的旧区改造。

（一）新区开发过程中的社区规划

新区开发过程中的新建居住空间是当前我国社区设计的主要对象，它的建设模式主要是以市场主导的房地产开发建设。多年来，我国的社区规划一直沿用传统的“物质形体决定论”的社区规划理论，主要表现如下：

1.一些社区规划缺乏计划性

社区建设，规划先行。规划在建设中的地位极其重要，然而，在一些社区建设中，社区规划经常改变，表现出了很强的随意性。

2.一些社区规划缺乏前瞻性

目前，车位紧张几乎成为大部分社区的通病，这除了与人们生活水平的提高有关外，还有一个很重要的原因就是一些社区规划缺乏前瞻性。特别是近几年来，由于私家车普及率的提高，一些社区内的车位已经不能满足车主的停车要求，致使公众利益得不到有效保障，这都与社区规划缺乏前瞻性有关。

（二）旧城改造中的社区规划

20 世纪 90 年代以来，随着经济体制的改革和房地产市场的快速发展，旧城改造成为城市建设与房地产开发的重点。我国现在对旧城的改造大多数是对其进行综合再开发，其规划主要如下：

1.维护型社区规划

这种规划主要用于使用价值较高的社区，在维护住宅正常使用的前提下，通过改善社区的空间环境和公共设施来提高社区居民的生活质量。

2.整建型社区规划

对于旧区的住宅，我们根据其现状进行改建、扩建、部分拆除，并对公共设施进行完善或者对住宅内部进行现代化的更新，以改善旧社区的居住环境，这样有利于保留原有社区的风貌，提高社区的特色价值。

3.重建型社区规划

重建型社区规划就是对已经没有保留价值的旧社区进行拆除清理后，重新规划设计，提高住宅的容积率和居住舒适度，完善社区的公共设施，提高社区的生活功能。

二、我国社区规划的原则及发展趋势

（一）社区规划的原则

1.可持续发展原则

可持续发展是人类发展的必然选择。实现经济、社会、文化、人口等的协调发展是当代城市发展的主潮流。城市规划建设对生态环境的破坏在所难免，但我们要采取科学、合理的规划措施把这种消极影响降到最低，要把可持续发展的思想贯彻到规划的各个层面上。

2.公平与共享原则

公平与共享原则是对社区主体之间存在与发展的界定。社区是一个整体，社区的功能是对这个整体来说的，无论社区居民的年龄、身体状况如何，他/她都有权利公平、合理地使用社区的公共资源。

3.适居性原则

适居性强调的是社区的整体环境对居民的生活与生产的适应与支持。社区是居民的居住场所，这就要求社区具有可居住性，满足社区主体的多层次需求。同时，由于社区居民的不固定性，这就要求社区具有相对固定的空间结构来适应居民的变化，从而满足居民的居住需求。

（二）社区规划的发展趋势

可以说，社区规划越来越重要，已经成为城市建设中不可缺少的一部分。由于城市的快速发展，我们不难发现社区规划的发展趋势如下：

1.生态社区规划模式

生态社区是以可持续发展思想为指导，意在寻求自然、建筑、环境和人四者之间的和谐统一，即消耗最少的资源，产生最少废弃物的社区。

2.复合社区规划模式

大部分城市往往会将工厂区域和生活居住区域相互隔离，以保证居住区的空气质量，但这一过程耗费了太多时间和大量资源。因此，规划一种复合式的社区对提高人们的生活质量有着重要意义。这种复合式的社区模式的功能不是单一的而是混合的，社区被规划为先进制造、研发和生产服务业的综合基地，公共服务设施、生态型的居住小区错落分布，包括工作、居住、娱乐等复合功能。

3.健康社区的规划模式

创造支持性的健康空间与环境是规划设计的关键。规划设计应推动支持性的健康环境方案并制定系统的架构，在此基础上落实社区健康环境与空间建构的措施。在我们这个越来越注重居住条件的社会，我们也要建设强调“人性互动”、充斥着邻里人情味的空间低密度社区，营造自然、简洁的居住环境氛围。健康社区的规划模式强调空间结构与领域空间的结合，注重交往场所的营造，通过交往空间设置和交往活动组织，为居民提供交流、对话、共处的机会和场所，营造亲切和谐的人文氛围。

社区规划已经成为城市建设过程中最重要的一个环节，在我们这个越来越强调建设“宜居城市”的社会背景下，我们要加强对社区建设的规划，使社区在科学、合理的规划下发挥最大的功能。

第二节　我国社区教育现状及发展趋势

随着改革开放的不断深入和义务教育的普及，社区教育也逐渐得到发展，成为社会发展的一种潮流。社区教育的主要目的是建设和发展社区，进而不断消除社区内存在的社会问题，以提高社区内全体成员的综合素质。良好的社区教育能够保证社区的可持续发展。目前，我国的社区教育建设虽然已经取得了一定成果，得到了政府部门的重视，但只是处于浅层次发展的阶段，仍然有许多问题需要解决。本节通过对我国社区教育发展现状的研究，详细阐述了我国社区教育未来发展的趋势。

一、社区教育的含义及特征

社区教育概念的界定目前还不够明确，仍然处于探讨阶段，但是学术界也有不同的见解。现代的社区教育主要是指以社区为范围，对社区内的全体成员进行教育的一种综合性活动。社区教育是一种集适应性、补缺性和发展性于一体的教育形式，强调的是将社区内民众的利益与整个社区的发展紧密相连，其目的是建设和发展社区，提高社区内全体成员的综合素质。

社区教育具有社区性、全员性、多样性、广泛性及综合性等特征。社区性主要表现为社区教育是为社区的建设和发展服务的，社区的需求决定了社区教育的形式和内容。全员性主要表现为社区内全体成员都是社区教育的对象，是社区教育的主体，社区教育为全体成员提供教育服务，以提高全员的综合素质。多样性及广泛性主要表现为社区内不同的教育对象对教育内容及形式的要求不同，存在差异性，因此社区教育为了满足这种差异性必须结合社区实际，针对不同的教育对象设置不同的培训项目，有针对性地开展多样性、广泛性的教育活动。社区教育的综合性主要表现为把社区内建设与教育紧密结合起来，整合社区内各种教育因素。

二、我国社区教育发展中存在的问题

研究表明，人类社会历史上最早出现的教育模式及教育形态实质上就是一种社区教育模式。我国的社区教育是在政府的引领下逐渐发展起来的，各地政府根据各地不同的条件和需求，建立适合本地区发展的社区教育。社区教育从诞生以来，逐渐经历了兴起阶段、转型阶段及现在的提升阶段，其教育模式主要是以政府为主导的社会参与的教育活动。目前，我国的社区教育实验区总数已达到数百个，多集中在一些经济、文化比较发达的地区。从城市社区教育的发展状况看，一些经济、文化都比较发达的大城市的社区教育的发展要比经济、文化相对落后的中小城市或者偏远城市的社区教育的发展快很多。另外，我国乡村的社区教育还比较落后，尤其是一些边远地区，对社区教育没有形成正确认识。总体来说，我国的社区教育取得了一定的成果，但是在发展过程中仍然存在一些问题。

（一）缺乏对社区教育的正确认识

社区教育是一种新型教育形式，目前社会对这种新型的教育形式还没有形成正确认识，最重要的是一些地方的领导在思想上还没有重视社区教育，只注重社区内经济和政治的发展。相关政府部门的领导及社区教育的负责人等受我国传统观念的影响，对社区教育认识模糊，没有给予重视。另外，社区内的大部分居民缺乏学习自觉性，参与度不高，严重阻碍社区教育的全面发展。

（二）社区教育发展不平衡

我国的社区教育从总体上看发展不平衡，这与我国地区经济发展不平衡有很大关系。目前看，我国经济的发展主要表现为中西部经济发展滞后于东部沿海地区经济发展，农村经济发展滞后于城镇经济发展。就一般情况而言，在发达地区，经济的发展为社区教育的发展提供了充足的物质保障，同时，社区教育的发展也促进了经济的进一步发展，这样逐渐形成一种良性循环，发达地区的经济及社区教育越来越发达。与之相反，落后地区的经济越落后，其社区教育的发展也跟不上，如此会形成一种恶性循环。长期下来，我国社区教育的发展将会更加不平衡。

（三）对社区教育的统筹管理有待加强

社区教育是一项涉及范围广泛的系统工程，因此政府必须加强对社区教育的统筹管理，以形成教育合力，不断提高社区教育效益。但是，目前我国大部分地区的政府并没有对社区教育进行统筹管理，随意性比较明显，具体表现在以下几个方面：首先，政府没有给予社区教育足够的资金支持，导致很多地区没有设立专门的社区教育专项经费，阻碍了社区教育的进一步发展。其次，我国的社区教育没有建立教育成本补偿机制，社区教育的资源没有得到充分整合和利用，阻碍了社区教育的持续发展。最后，政府没有对社区教育的专职工作者进行统一管理，也没有切实解决其待遇方面的问题，导致社区教育队伍不稳定并且整体素质不高。为解决这些制约社区教育发展的实际问题，加强政府对社区教育的统筹管理，建立健全社区教育的规章制度十分重要。

（四）我国针对社区教育的法律法规不够完善

目前，我国社区教育的管理体制和运作机制虽已初步形成，但还处于无法可依、无章可循的状态，政府缺乏针对社区教育的相关法律法规，导致一些地区的社区教育统筹不力、部门分割等现象发生，社区教育得不到可持续发展。具体来说，我国社区教育与当地的教育部门、民政部门、文化部门、城市管理部门等多个部门的工作都有关系，但是大部分地区的社区教育主要还是依附当地的教育部门，而当地教育部门的职能范围非常有限，很难统筹协调其他相关部门的工作，各个部门之间缺乏相应的工作交流。

三、我国社区教育未来的发展趋势

我国的社区教育自发展以来已经经历了几十年的时间，已积累了一定经验，取得了一定成绩，但是与发达国家相比还存在一定的差距。因此，我国社区教育在未来还有很大发展空间。笔者认为，我国社区教育未来的发展趋势主要体现在以下几方面：

（一）社区教育将不断开设学术性课程

随着社会经济不断发展，人们越来越重视自身综合素质的提高。因此，越来越多的人希望学习一些学术性比较强的课程，以此提高自身文化素养。社区教育作为社区内的一种全民参与的教育活动，开设一些学术性课程，加强理论基础知识的教学，有利于提高人们的综合素质。在开设学术性课程时，要注意以下几点：首先，在课程的设计中，要坚持专业教育人士参与课程设计的原则，以加强课程的学术性；其次，在课程设置上，增加学术性较强的科目，如心理学、语言学、物理学等，以满足社区教育参与人员的不同需求；最后，教师在课堂实践教学中，要加强对课程中理论基础知识的重视。

（二）社区教育将逐渐走向制度化

我国未来社区教育将逐渐走向制度化，主要表现为：首先，社区教育作为一种公共文化建设，其发展除了需要民众的积极参与之外，政府支持也必不可少。我国是一个“大政府，小社会”的传统国家，政府对于社区教育发展的支持十分重要。政府加强辅助与支持，才能使我国社区教育的发展越来越顺利。其次，政府要建立健全与社区教育有关的法律法规，不论是管理体制还是运行过程都要有明确的法律规定。再次，我国要建立一套完整的社区教育管理系统，以优化教育资源配置。

（三）社区教育将逐渐专业化和信息化

要保证社区教育可持续发展，必须使社区教育不断迈向专业化和信息化。我国社区教育在发展初期，都是由一些人员自发组织参与的，教育人员多半都是由业余教育人士组成的，但是社区教育的规模逐渐扩大，人们的需求也多种多样，现有师资已经不能够满足社区参与人员的需求。因此，结合当前实际情况，社区教育机构要积极开展针对不同层次、不同专业社区教育工作人员的培训，提高社区教育人员的专业素质，加强对其实际能力的培养。另外，现代社会是一个信息化社会，信息技术已经渗透到社会的各个领域，人们的生活、工作与学习由此发生很大变化，因此我国要不断加强社区教育的信息化建设，以满足社区教育的发展需要。

第三节　我国智慧社区服务的发展现状及建设途径

近些年来，我国许多城市都在构建智慧城市。智慧城市的构建应该遵循以人为本的思想理念，运用人类的智慧，形成高效、安全、创新、和谐的城市系统。社区是城市人群生活的必要场所，同样也是城市开展服务与管理的重要之地，城市社区的智慧化建设，能够提高城市居民的生活水平。因此，社区智慧化构建也就成为许多智慧城市构建的重要工程项目。

一、我国智慧社区服务的内涵

社区服务业是在我国政府的扶持与指导下，满足社区人们的多样化需求，以社区为基础，融合社会各种力量的服务型事业，包含了市场主体供应的商业服务、政府供应的公共服务、社会组织与社区组织供应的非营利服务。服务性、社会性、地域性是我国社区服务业的特征，地域性是我国社区服务的重要特征。社会经济的不断发展，信息技术的不断进步，移动互联网、云计算、物联网等技术的兴起，为我国智慧社区的发展提供了契机。智慧社区将云计算、移动互联网、物联网等信息技术运用到社区管理与服务的各个系统中，把握新科技创新革命与产业的机遇，建立智慧社区环境，使社区服务与管理系统变得现代化，从而为构建我国现代化的社区形式奠定基础。因此，我国智慧社区在社区现代化的基础之上，运用信息科学技术，实现社区管理与服务的智慧化，为社区居民提供信息化的管理与服务，从而使社区居民能够更好地发展与生活。

二、我国智慧社区服务在技术领域的发展现状

我国智慧社区是利用非接触式的自动识别系统与信息通信技术、信息化实施、电信业务等优势，运用现代化社区方法与精细化社区管理系统而构建的，从而能够提高社区管理与服务水平。随着社会经济的不断发展，我国社区智能化发展受到了全面的重视。当前，虽然我国智慧社区示范点很多，其基础设施设备都较为齐全，但是由于我国智慧化社区出现较晚，还未形成统一的智慧化社区服务机构体系。我国智慧社区的技术领域涉及以下几方面：

（一）智慧安防

我国智慧社区为社区居民提供了安防系统，安防系统为社区居民提供了消防安全保障与安全服务，包含门禁系统、防盗报警系统、停车管理系统、楼宇对讲系统等。然而，由于我国当前智慧社区的发展水平低下，一部分社区监控系统、门禁系统、停车场管理系统正在进一步构建，而门户对讲系统与防盗报警系统都在进一步安装中。我国社区智

能安防系统是以门禁卡的形式来管理居民的出入的，同样居民的车辆都需要门禁卡才能够出入。我国智慧社区还在社区楼道、停车场出入口、电梯等处安装了监控设备，并在社区物业中心设置了显示屏，以方便物业管理人员随时了解社区的内部情况，从而为社区居民的出入提供安全防护保障。

（二）智慧物业

在我国智慧社区构建过程中，智慧物业系统是最为常见的模式，同样也是迄今为止智慧社区发展最为成熟的模式。智慧物业主要涉及社区生活网站、智能电子屏、服务热线、微信公众号服务等。其中智能电子屏是我国社区活动平台，其主要负责社区文化宣传、社区公告增值等信息传播，以及用来发布天气、交通、物业、新闻等信息。我国社区居民可以通过社区微信公众号来获取相关的信息，而社区网络能够实现邻里之间的智慧交流，社区居民可以根据自己的喜好兴趣加入适合自己的圈子中，丰富自己的业余生活，以提高生活的质量。我国智慧物业还为居民开通了专属服务热线，居民可以通过专属服务热线与物业工作人员进行沟通，可享受投诉、咨询等业务服务。

（三）智慧民生

我国智慧社区为社区居民提供了智慧民生服务，智慧民生服务是根据社区居民的切实需求提供的，包括社区居民居家医疗、养老方面的服务。智慧医疗包括通过社区形式发布周边地区医院的医疗资源信息、为社区居民构建身体健康电子档案、对社区居民实施健康教育。社区智慧养老系统则结合传感器与物联网技术的优势，运用智能监护设备对社区老人进行远程监控，尤其是社区独居的老年人，当社区老人感觉身体不适或需要安慰时，按下远程监护设备按钮就能够享受急救、安慰、家政等智慧社区服务。而智慧居家社区服务是指为社区居民安置智能居家系统设备，能够实现居民家用电器的智能化，社区居民可以远程控制自己家中的窗帘、家电设备、灯光等。我国智慧社区通过为社区居民安装的可视化对讲系统，达到语言与图像的双重识别，能够实现居民与访客的随时通话与交流，从而进一步增加了社区居民的安全性。

三、我国智慧社区服务的建设途径

（一）完善我国智慧社区基础服务设施

在完善我国智慧社区基础服务设施的过程中，工作人员应该综合研究社区的地理状态、规模与服务能力，加大智慧社区基础服务设施的构建，从而构建我国智慧化社区，具体实施途径有以下几条：①合理布局基础设施。在布局过程中，工作人员应该按照方便社区居民、服务设施高效、服务功能完整以及社区居民的意愿，根据土地利用规划，加强统筹，确定我国智慧社区构建的规模；根据我国社区人口与地域环境，结合社区设施服务成效，以及社区服务设施的未来发展趋势，确定社区服务设施的选址、数量，统一规划设计，充分运用社区原有服务设施资源，提高与相邻社区服务设施共享程度。②构建网络设施。我国智慧社区应该发挥协调优势，积极构建智慧化社区网络设施，结合我国智慧社区的构建规划，与广电企业、电信运营商合作，从而提高我国智慧社区无线与有线通信网络的覆盖率，提高我国社区居民宽带使用水平。③积极推进感知网络的构建。构建社区感知网络是提升智慧社区服务水平的重要手段，工作人员应该提高对感知网络系统的认识，统一规划，科学布线施工，加强视频监控网络、可视门禁网络以及周界感知网络的构建，从而推进智慧社区感知网络的构建。

（二）提高我国智慧社区服务水平

为了能够更好地提高智慧社区服务水平，我国一方面应该立足于社区自身，构建社区区域的智能化系统，另一方面应该推进智慧城市体系面向社区服务的延伸。具体包括以下几点要求：①将智慧城市公共智慧服务延伸到社区服务中。我国智慧社区应该借助智慧城市构建的机遇，将智慧城市公共智慧服务延伸到社区服务中，加强城市医疗系统与社区医院的对接，为社区居民构建居民健康电子档案，提供远程智能化视频就诊等社区服务，提高我国智慧社区医疗服务水平。我国智慧社区应该将智慧城市安防体系延伸到社区服务中，加强智慧社区与城市安防的对接，在社区重要的区域设置科学化的安防设施，从而提高智慧社区居民的安全保障。②发展我国智慧社区智能化服务体系。在充分利用智慧城市设施的同时，智慧社区还应该构建智能化服务系统，社区智能化服务系统应该加强车联网服务系统的构建，通过智能化系统对出入车辆进行识别，实现社区出入车辆的智能化管理；通过构建利用视频分析技术的智能化系统，对出入社区的居民进行智能化的管理，提高智能社区居民的安全性；通过智慧社区灯光、垃圾、空气、电、水、燃气等智能化感应系统的构建，实现对社区的环境与能源的调整与监控，从而使智慧社区的居民生活更加方便。

（三）构建我国智慧社区智能化综合服务平台

我国智慧社区应该构建智能化综合服务平台，智能化综合服务平台对智慧社区的构建尤为重要。智能化综合服务平台是由数据集成、数据分析、数据发布等组成的。数据集成能够促进社区智慧安防、智慧车管、智慧家居等系统进行标准化处理，能够有效整合各项系统资源，构建集成化的智能化平台，从而提高智慧社区智能化服务水平；数据分析能够加强对视频、图像等信息资源的挖掘与处理，以便对异常的事物作出准确的分析与判断，从而为社区管理人员提供智能化的决策；数据发布能够推动网络公共平台的构建，结合智慧社区的网络设备，及时为社区居民发布社区信息，居民能够在公共平台中进行有效的活动，增进邻里之间的交流与互动，从而更好地为社区居民服务。

第四节　我国城市社区养老模式的现状与趋势

现阶段，我国人民的生活质量显著提高，医疗技术逐渐发展，同样老年人口的寿命正逐渐提高。但是，随之而来的老年人相关问题也越来越多。并且与其他国家不同的是，我国家庭结构正逐步变小，并且子女们为了更好地发展，离开父母去异地工作，加大了养老难度。本节在对社区养老模式的现状和特点以及存在的问题进行分析的基础上，提出社区养老模式的构建建议。

一、我国城市社区养老模式的实践

随着我国老龄化越来越严重，国家开始更关注养老模式，同样，社区养老模式也得到了国家的重视。自1980年开始，政府把城市的社区福利事业提到议程上。2001年，中华人民共和国民政部在全国范围内实施“星光计划”，社区老年福利服务网络建立起来了。2016年，我国提出了建设社区养老服务。由此可见，国家越来越重视社区养老的发展。国内部分社区养老模式的实践如下。

（一）上海浦东新区NGO（non-government organizations）模式

由于社会上的各种原因，我国养老事业受到了挑战。上海浦东新区NGO养老模式的出现虽然在一定程度上减轻了养老压力，特别是政府的压力，但还是有很多其他方面的问题，例如很多老年人不明白“NGO”是什么，相关的法律制度也不完善。综合各方面的因素，相关部门还需要进一步完善该模式。

（二）北京“九养”政策

北京作为首都城市，养老问题也很严重。随着近几年北京的发展，北京市的养老工作也有显著的进步。养老服务人员获得了丰富的经验。而且，随着北京市政府对于养老模式的探索，北京的养老服务在体制改革的基础上也得到了创新，逐步变成了“9064”的模式，即90%的老年人在家养老，但会借助社会化的服务。6%的老年人接受享有国家补贴的社区养老模式，4%的老年人接受社会上的敬老院养老。北京的“九养”政策虽然方便了部分老年人的生活，但政策规定具有北京市户籍的80周岁以上的老人或是60～79周岁的残疾人才有资格领取补助，实施范围较小，无户籍老人无法享受这样的政策福利。

（三）广东的四种养老模式

广东省作为我国发展较快的地区，同样也是我国老龄化程度较高的地区，由于经济发展较快，它也是最早接受并实践社区养老模式的一个地区。广东省有四种具有代表性的社区养老模式，分别是荔湾区的社区中心运作型、越秀区东湖街的物业管理公司运作型、白云区的民办养老机构，以及天河区的星光老年之家。这四种养老模式都有一个共同点，就是政府对其监管的作用和责任是非常大的。这四种养老模式虽然给老年人生活带来了便利，但是本身也存在一些问题。据了解，这四种养老模式存在资金来源不足的问题，资金主要来源于中国福利彩票公益基金等公益机构。不仅如此，享受政府购买服务的标准设置较严，惠及不了大多数人。并且这四种养老模式还缺乏专业的服务人员，社区资源整合力度较差。

二、我国城市社区养老模式存在的主要问题

（一）社区养老服务内容单一

从实际情况来看，一些社区在精神慰藉方面没有投入很多资源，主要提供家政服务、日常生活方面的内容，满足不了退休的老年人的需求，并且在医疗保健方面的服务也还不够完善。

（二）社区养老资金投入不足

任何活动的开展都离不开资金，社区养老模式也离不开资金，社区的成立、社区工作人员的薪水，都离不开政府的补助。目前，社区经费主要来源于区政府、社区街道，其次是慈善机构、爱心人士的捐赠，这些资金是有限的，所以一些社区养老模式的发展还存在一定的困难。

（三）工作人员数量少、缺乏专业性

社区从业人员方面的问题主要体现在两个方面：一是从业人员数量不能满足社区老人的需求；二是从业人员不够专业。社区养老由于是社会公益事业，所以老人只需付一小部分费用，甚至是免费的。一些社区工作人员的工资相对比较低，并且随着志愿者的减少，分摊给社区工作人员的老年服务工作量就增加。理论上每个社区人员要照顾好几

个老人，但是他们得到的薪资却跟付出不成比例，所以几乎很少有大学生或者专业的工作人员，专业人才欠缺。

（四）社区养老服务评估体制落后

社区居家养老体系中包含许多服务于老年人的具体内容，其中社区居家养老制度是重要的一项，要想提高社区工作人员的服务质量和服务效率，督促服务人员更好地服务老人，就应该建立一个良好的评估机制来约束社区工作人员。目前，一些社区管理中并未形成一套完整公平的评估机制，缺少对于老年人的跟踪记录，缺少详细的考核标准和工作守则，必然会造成一部分的资源浪费。所以，建立一个高效、完整的社区养老服务评估体制是很有必要的。

三、我国城市社区养老模式的发展趋势

社区居家养老是绝大多数在城市里生活的老人的选择。在他们眼里，再豪华再高档的养老院都不如自己家里温馨舒服，所以他们希望能在家里安度晚年，在家能享受到生活照料、康复理疗、文化娱乐等养老服务。

发展社区居家养老服务是一项重大任务，要以养老需求为导向，着力发挥政府的“保基本、兜底线”作用和社会力量的主体作用。了解社区居家养老服务的发展趋势，能够更好地帮助我们积极应对人口老龄化带来的问题。未来我国城市社区居家养老服务将呈现以下发展趋势：

（一）从服务内容来看，将呈现保障基本养老服务和提供多样化服务相结合的发展趋势

1.保障特殊困难老年人的基本养老服务需求

老年人出现不同程度的生活困难主要是不良身体状况、经济状况、家庭状况等因素导致的，具体而言，特殊困难老年人可以分为以下几类：经济困难的低保、五保等老年人；身体状况恶劣的失能失智、患病、残疾等老年人；存在不良家庭状况的空巢、失独、

留守、孤寡等老年人。上述老年人是社区居家养老服务重点关怀和长期照护的群体，需要建立养老服务清单，由政府购买服务，引进专业化社会组织，提供专业的养老服务。

2.提供满足老年人多样化需求的社会化养老服务

发挥社会力量在提供养老服务方面的主体作用，为老年人提供方便可及、价格合理的各类养老服务和产品，提升老年人的幸福感。在教育学习上，以社区为依托，为老年人提供教育学习场所、资源和条件，支持鼓励企事业单位、社会组织、志愿者等社会力量举办或参与老年教育活动。在精神陪护上，统筹家庭关爱和专业力量，调动专业心理工作者和社会工作者开展老年心理健康服务试点，为老年人提供心理关怀和精神关爱服务。

（二）从服务提供来看，将呈现出政府购买服务精准化和服务提供商品牌化、连锁化并重的趋势

1.政府购买服务会向更加聚焦基本养老服务的方向发展

根据养老服务对象、特点和实际情况，政府购买养老服务将着眼于满足老年人基本养老服务需求，合理配置养老服务资源，政府面向企业和社会组织公开招标，按照公开、公平、公正原则，吸引有一定经营资质和经营条件的组织参与，通过竞争择优的方式选择承接政府购买养老服务的优秀社会力量，提供包括生活照料、医疗护理、康复保健、精神慰藉、紧急救援、法律维权等在内的基本养老服务，并对其开展的服务效果进行测评和定期考核。

2.服务提供商向品牌化、连锁化、规模化发展

针对目前养老服务市场主体小而分散的问题，鼓励在养老服务项目建设、运营、管理等方面具有专业资质的社会资本方整合重组，通过提供标准化、规范化的优质服务，形成一批面向居家社区、跨区域和行业的综合性养老服务集团，支持服务机构向着规模化、专业化、连锁化、品牌化的方向发展，成为居家和社区养老服务的主力。

3.专业养老机构向社区延伸服务的方向发展

鼓励和引导养老机构尤其是公办养老机构开设居家养老服务场所来承接居家养老服务项目，由原来的“围墙内”服务转变为“开放式”服务，为周边社区老年人提供生活照料和护理服务等，利用自有食堂或与餐饮企业合作的方式向辐射区内的老年人提供就餐、配餐、送餐服务，制定老年营养食谱，提供符合食品安全规定要求的老年餐；积

极为居家生活老年人尤其是中、重度失能老年人提供上门助浴、理发等服务。

（三）从服务支撑来看，将呈现出线上平台、线下服务和智能产品运用一体化的趋势

1.打造“线上”养老服务信息化数据平台

社区居家养老服务应当充分依托信息技术，构建社区居家养老服务信息化数据平台。信息化数据平台整理汇总、实时公布辖区内膳食服务、生活照料、家政服务、文化娱乐等社区居家养老服务机构信息，方便老年人根据需求就近选择养老服务供应商。如北京市石景山区通过政务网站发布养老机构、养老服务驿站以及街道养老照料中心基本信息，内容包括名称、地址、联系方式等，方便老年人就近选择适合的服务商。

2.对接“线下”提供多元的社区居家养老服务

社区居家养老服务主体运用互联网、物联网、大数据、云计算等技术，探索线上与线下相结合的养老服务新模式，为老年人提供健康管理、紧急救援、精神慰藉、服务预约、物品代购等更加多元的居家养老服务。

3.提升开发和应用智能化终端产品的水平

当前信息技术发展迅猛，科技产品更新迭代的速度日益加快，在智能化产品和设备的开发设计中，相关企业、社会组织和科研团队要通过实地调研、市场调查等形式充分了解老年人需求，有针对性地将信息化、智能化设备和产品用于养老服务领域，提升养老服务的个性化、精准化和科学化水平。

第四章　我国城市社区治理模式创新

第一节　城市核心社区治理模式创新

城镇化的推进和创新社会治理体制的实施，推动着城乡社区治理朝着多样化和精细化的方向发展。城市核心区由于在区位、资源和服务等方面具有优势，在社区治理过程中面临着更多的压力与挑战。基于对北京市海淀区Z街道的调研和访谈，本节尝试对城市核心区社区治理进行探讨。

一、城市核心社区治理：理论背景与现实难题

（一）理论背景

社区治理必须建立在一定的类型学分析的基础之上，才能抓住关键，有的放矢。根据滕尼斯对社区的界定，地域范围和关系网络是社区的两大基本属性。从地域范围来说，按照城市的空间布局以及功能定位，城市规划理论大师约翰•弗里德曼（John Friedmann）提出城市核心—边缘理论，核心区域由于聚集大量产业、人才、资本等资源，形成独特的社会资本，一方面能够促进社区治理，另一方面也对社区治理能力提出更高的要求；从关系网络来看，现代城市社区一般都由商品房小区组成，不同于传统社会背景下的熟人社会，其在很大程度上具有陌生人社会的特征。这样一群彼此陌生但是又生活在一个共同体内的个体，如何才能使他们组织起来，形成“有机团结”的关系网络，从而能够取得持久的共同收益，成为社区治理的关键。而城市核心区域小区治理的理论问题就在于如何有效整合核心区社区独有的关系网络和各种资源，促进规范、态度、共识、信任等社会资本的形成与发展，进而

完善和提高社区治理体系和治理能力，达到社区的善治。

（二）现实难题

改革开放以来，随着国家经济的快速发展、城市化的快速推进以及人口流动的快速增加，城市社区由以往单位制转型而来的单一社区类型逐渐多元化，大量商品房小区成为社区的主要形态，由此带来人口的异质化以及社区管理问题层出不穷。处于城市核心区的小区更是因为资源的聚集和人口的汇集而显现出治理难题，主要表现为社区群众日益增长的物质文化生活的多样化需要和社区有限的公共服务提供能力之间的矛盾。

具体来说，城市核心区社区治理难题体现在以下三个方面：一是从需求主体上看，城市核心区往往是整个城区政治、经济和文化的核心，各方面的核心拔尖人才汇集于此，他们在为各自单位提供知识贡献的同时，也对所在社区提出了多元化的需求。二是从需求内容上看，一方面，生活在城市核心区的高端人才对于社区基础设施、生活服务设施、社会交往平台和文化社会环境提出了比较高的要求；另一方面，社区也必须考虑为整个城市正常运转而工作的社会各阶层的多层次需求。三是从公共服务提供主体和机制上看，单一的社区主体难以捕捉多样化的需求，更难以提供全方位的服务。如何调动各方面的力量，进行资源整合、优势互补，形成社区公共产品和公共服务的多中心生产机制是社区治理创新的核心议题之一。

二、Z 街道社区治理创新的实践探索

（一）Z 街道现状及主要特点

Z 街道地处国家自主创新示范区核心区，辖区面积 5.28 平方千米，实有人口 19.6 万，现有社区 30 个。辖区聚集国家级科研院所 28 家，法人单位 18 265 家，汇集五千多名科学家和近万名科研人员，两院院士 130 余位，有着科学高地、人才重地、商业旺地、文化源地的称谓，是北京市乃至全国较为集中的科学家、企业家、知名学者、专家和老干部生活区。该地区科研院所多，高学历人员集中，民主意识和法治观念强；科技企业多，企业管理人才集中，竞争意识和创新活力强；两院院士和人大代表（政协委员）多，

意见引领作用突出；明星艺人多，社区认同作用明显；居民文化程度高，参与意识强，对政治经济和精神文化的需求呈多样化态势，为社区服务和治理提供了宝贵的社会资本。同时，该地区既具有丰富的传统文化旅游资源，又具有大量的现代化商旅服务设施和机构，每天吸引众多流动人口来此旅游、休闲、购物、娱乐，为社区的服务和治理提出了更高的要求。

（二）Z 街道社区治理创新实践

1.总体思路

立足于社区多元主体的现实，Z 街道提出“社区小天地，民生大舞台”的总体思路，以党建创新为引领，以示范创建为契机，变被动应对为主动服务，变静态管理为动态治理，通过构建不同类别的开放平台和体制机制，整合社区内政治、经济、文化、教育、媒体、演艺界等知名人士、专家学者和意见领袖等人才资源，使他们参与社区事务，进行公共治理，以构建多元分类的合作治理网络。

2.实施过程和基本做法

一是党建创新引领，增强社区治理和服务创新凝聚力。这方面的主要做法包括：①构建合作联盟，推进服务联动。Z 街道与中科院等科研院所的党组织建立区域合作联盟，签订共驻、共建、共享的框架协议，建立街道与驻区单位双向服务、双向互动的联络机制，共同搭建“社会管理综合治理”平台，定期召开协调会议，共同制定地区环境整治和综合治理行动方案，切实解决一系列事关居民群众利益的重点、难点问题。②强化非公党建，拓展服务空间。进一步加强非公企业党组织组建工作力度，成立 Z 地区非公企业联合党委。按照有利于改进党员教育管理方式、充分发挥党组织和党员作用的原则，根据某大厦的企业规模情况、党组织建设情况、党员基本情况，建立某大厦联合党委，统一领导大厦内非公企业党建工作。通过该联合党委，促使 4 家非公企业成立党组织，将 1 336 家企业按社区划分成 30 个网格，形成街道、社区、楼宇共同做好非公党建的良好局面，不断扩大工作覆盖面。③建立“双联”制度延伸服务触角。以在职党员“双报到”活动和群众路线教育实践活动为契机，深入推进党组织服务的全覆盖。通过开展党员设岗定责、送温暖慰问困难群众、“亮身份、比奉献”等多项公益服务和志愿活动，切实发挥党组织的集聚引领作用，增强党组织的凝聚力和向心力。

二是成立协会和社会组织，提高社区治理合力。形成“枢纽型协会组织＋社会组织＋志愿者”的格局，吸纳各界精英参与社区治理。这方面的主要做法包括：①成立企业联合会、文化建设联合会和社会工作联合会“三驾马车”，担任枢纽型社会组织的角色，对区域内的经济、政治、文化和社会精英进行整合，通过集聚专业优势，先后推出Z街道相关的“午餐进楼宇”“科技艺术节”进社区、公益服务进社区等活动，改变过去政府唱“独角戏”的现象，实现多元主体共同参与社区治理。②大力发展社会组织。该地区现有各类社会组织150余个，这些社会组织通过整合社会力量和开展活动的方式强化服务，广泛调动辖区居民群众参与社区治理和服务的积极性，努力促进地区政治、经济、文化、社会“四位一体”协调发展。③大力支持志愿服务队伍和志愿服务工作。深化志愿服务模式，广泛发动居民群众参与爱心助老、环境整治、安全维稳等社区服务，让其真正成为社区的建设者和受益者。

三是创新基层协商民主，引导公民有序参与社区治理。这方面的主要做法包括：①社区居委会直选。在2015年第九届社区居委会换届选举中，Z街道24个社区采取户代表选举方式，6个社区采用全体选民直选方式，且全体选民直选的社区涵盖流动人口较多的平房区、老旧社区、单位型社区、商务楼宇社区、混合型社区等，为下一步全面扩大全体选民直选范围奠定了基础，让更多社区群众真正参与到基层选举中来，增强了社区居民的民主意识，推动了基层民主政治建设。②动员社区重要力量，举行政策论证会、民生恳谈会、民意听证会等。聘请热心社区建设人士担任专项工作监督员，强化他们“社区事情共同谋划，社区事业共同推进、社区愿景共同实现”的主体意识，形成“政府搭台、居民唱戏”的局面，定期召开座谈会，听取居民意见，全力营造“共谋、共建、共管、共评、共治、共创”的浓厚氛围。

四是探索“一体化联动”综合执法，提高社区治理执行力。这方面的主要做法包括：①变分散执法为统一管理，开展“组团式执法服务”。成立Z地区综合执法管理中心，下设中心办公室、三个综合管理工作组和一个应急保障工作组，形成“1＋1＋3＋1”的组织构架，实现了统一领导、统筹协调、联勤联动、综合治理的工作格局。②变多支队伍为一支队伍，实施“综合式打捆作业”。整合工商、城管、公安、交通、食药监、房管所等各支专业力量，将辖区按地理区位划分为南、中、北3个无缝对接的片区，将联合执法队伍分为南、中、北三个综合管理工作组，分别对接南、中、北三个片区。③变事后处置为主动出击，实现“高效率协同处置”。以各类问题及时发现、及时处置为出发点，将日常巡查与专项整治相结合，主动出击，协同处置，高效处理城市管理中的各类问题和突发事件；以重点整治、重大行动为载体，将专业执法力量与治安辅助力量相结合，以牵头执法力量为主体，辅以其他配合力量，实现专业执法人员和各类协管力量的灵活调动和优化配置。④变单项考量为横向对比，实现“高绩效目标管理”。实施“一体化”联动执法前，工商所、食品药品监督管理所等专业执法部门，按照职责分工，依据执法权限纵向到底，实行单项专一执法，垂直专项考核；实施“一体化”联动执法后，该社区建立了相应的监督、评价、考核体系，地区综合执法管理中心与各片区联合执法组签订目标管理责任书，各片区定期上报综合执法数据，中心监督跟踪片区整治成效，各片区目标管理形成横向参照对比，有效激发了执法队伍的主观能动性，提升了执法的综合绩效。

五是借助技术手段，提高社区治理和服务能力。①在街道层面创设互动平台。研发“全生命周期平台”，深入推进区域信息化建设，为铺设“智慧 Z”高速公路打好基础；创新人口服务模式，建立服务网站、手机应用等网上服务系统，提高群众参与度。②在社区层面打造参与平台。对于发现的社区治理中的问题，社区居民可直接采取问题定位、手机拍照、语音录音等方式进行上报，有效破解居民群众参与社会动员的传统局限。采用政府保障和社会服务相结合的方式，在社区打造智慧养老居家服务平台，这也是 Z 街道促进多元参与养老服务体系的一个积极探索。③服务手段信息化、科学化。研发 Z 街道无线政务手机应用平台（公众版），采用推送机制向在 Z 地区工作和生活的公众及时准确地提供便民、预警、活动、气象、应急宣教等各类服务信息以及街道、社区的业务指南，有效提升街道的为民服务能力，进一步满足辖区居民群众日益增长的信息化服务需求。

（三）Z 街道社区治理创新经验

通过对 Z 街道社区治理创新进行历史分析以及和其他区域社区治理进行横向比较，笔者总结了本街道的特色治理创新经验。

1.在社会资本理论指导下，树立合作理念

Z街道作为国家自主创新核心示范区，汇聚众多科学家、企业家、知名学者、影视名人以及老专家、老干部，这是重要的社区治理的社会资本。政府在社区治理过程中通过调动他们的积极性，挖掘他们的社会资源和影响力，构建多种开放合作平台和机制，把社区打造成“有机团结”的共同体。

2.在“多元分类”主体框架下，建立合作网络

Z街道针对社区主体的社群属性进行分类，并根据不同群体的属性特征和行为逻辑构建多元分类的合作框架，这些合作框架又通过相互嵌套的机制形成有机的合作网络，涵盖不同主体，包括不同维度，针对不同诉求，建立不同渠道。

3.在制度激励与可持续发展理念下，进行制度安排

Z街道在社区治理探索和服务创新实验的基础上，通过制度安排落实合作理念和合作网络，确保社区治理和服务创新不因领导人的调动和意志的变动而变化。

三、社区治理“多元分类合作网络”及其完善之策——结合Z街道的经验进行概述

（一）“多元分类合作网络”模式的内涵

通过多年的探索与实践，Z街道社区治理服务形成了独特的框架体系和运行机制，激活了社区各类社会资本，实现了政府与社区各类主体的良性互动与互信，并通过一系列制度安排进一步规范上述互动和互信机制，取得了良好的治理和服务效果。笔者将这种模式概括为“多元分类合作网络”的社区治理服务模式，这种模式的内涵包括以下几个方面。

一是突出了党委领导，与驻区单位、非公企业等新形势下的多元主体建立党建联席机制，构建党组织多元分类的领导与服务网络。二是突出了政府与社会的互动与合作，按照一定标准对社区各类行动主体进行分类，根据不同类别行动主体自身独特的社会资本构建相应的平台和机制，形成多元分类的治理和服务格局。三是突出了制度相互嵌套，

以党建制度创新促进政府与社区良性互动，以政府与社区社会资本良性互动制度创新促进社区良性运转，以社区良性运转制度创新促进社区社会资本的增长，形成合作治理的网络格局。

（二）“多元分类合作网络”模式架构

“多元分类合作网络”的社区治理服务模式，核心是通过制度安排，调动社区社会资本优势，根据社区多元行动主体的类别、优势和行为逻辑，构建多元分类的合作网络，促进社区治理体系和治理能力现代化，达到社区善治。该模式宏观上分两个子系统，第一个子系统突出党建引领，主要体现为党委领导下的党建合作网络，包括上文提到的与驻区单位、与非公企业等成立的联席机制，还包括未来与其他群体成立的联席机制。第二个子系统突出政府主导，主要体现为街道与社区社会组织等各类主体形成的多样化合作机制。

通过对社区各类主体进行属性分析和分类，我们在宏观结构的下层构建了Z街道社区治理和服务结构。不同主体经由各自的渠道和不同的机制，有序参与社区治理与服务，并通过制度安排规范相互之间的互动，在不断的互动中增进互信，在互信中增强社区凝聚力和认同感，反过来又进一步促进了社区治理能力的提升。

另外，不同主体构成的系统之间不是封闭的、静态的，而是相互开放的、动态调整的，并以利益的相关性为纽带，将不同类别的社区主体重新整合，形成相互嵌套的合作网络。如关键个体既可以通过文体联合会参与社区服务，也可以通过基层协商民主表达政治诉求，还可以以志愿者的身份参与社区公益行动，而每种身份都有相应的制度安排规范他们的行为和互动规则，从而确保合作网络的有效性。

（三）完善城市核心区社区治理服务的政策建议

历史经验告诉我们，任何创新都不是一蹴而就的，处于大变革、大转型时代的基层社区治理和服务创新也不例外。理论分析也启示我们，社会治理的大部分知识都是地方性的，基于差异性的社区治理经验不一定具有普遍适用的必然性。然而，抛开具体的制度细节，从社区治理和服务实践中仍然可以总结出一般性的规律，这些规律对于进一步完善社区治理模式具有重要价值，也对其他具有类似属性的社区治理和服务具有一定的参考价值。对于城市核心区社区治理服务，结合调研的体会，笔者提出以下建议。

1.给予充分的创新空间

首先，切实为社区减负，改变社区“上面千条线，下面一根针”的治理困局，使社区回归自我管理、自我服务的治理本位。其次，给予社区充分的自主治理空间，在人力、物力等政策上予以倾斜，实现社区治理特色化和多样化。最后，鼓励城乡之间、先进地区与落后地区之间进行合作，实现资源整合与优势互补。

2.树立平等合作的理念

首先，改变政府单打独斗的治理理念，树立政府与社会优势互补、平等合作的治理理念。其次，通过多种形式，培养和鼓励社区居民和社会组织积极参与社区治理。最后，进一步加强和创新城乡社区协商，完善居民自治，实现社区公共事务的民主治理和自主治理。

3.搭建多元开放的平台

首先，对社区各类社会主体进行摸底，并建立基础数据库。其次，对社区各类主体进行属性分析，挖掘每类主体拥有的独特的社会资本，分析这些社会资本具有的治理资源。最后，搭建多元的开放平台和机制，引导和鼓励不同主体有序参与社区治理和服务。

4.完善制度和政策体系

首先，通过对不同主体和机制进行有针对性的制度设计和安排，规范不同主体的行为及其互动机制。其次，通过物质和非物质的互益性的制度设计，完善各类主体参与社区事务治理的激励机制。最后，通过信息公开、信用评级等惩罚性的制度设计，对违规主体和行为进行严格追责。

5.运用信息技术手段

首先，依托城市核心区科技优势，大力推进智慧社区建设，在社区养老、医疗、救助等方面实现“互联网＋”优势。其次，充分运用大数据、物联网、移动手机应用等信息技术手段，提高社区服务能力，促进社区治理现代化。最后，整合社区多元平台，打造“一门式”服务体系，降低社区治理成本，提高社区治理效率。

城市核心区社区治理是一项复杂的系统工程，在中央倡导强化基层社区治理的背景下，各地都因地制宜进行了创新实践。Z 街道社区治理的经验做法具有一定的典型性，未来我们还需要对城市核心区社区治理进行多案例比较分析，构建更为普适的治理模式与机制，进而促进社区治理体系和治理能力的现代化。

第二节　城市社区物业管理服务模式创新

在政策、经济、科技的共同推动下，物业管理行业加速向现代服务业转型，在物业管理服务企业发展的新时代下，如何让物业管理服务企业走上信息化建设道路的快车道，为社区提供一个集团化、多元化的管理服务平台，延伸并拓展物业管理服务的价值，成为城市社区物业管理服务模式创新的难题。本节主要从两方面进行分析：首先分析现代化城市社区物业管理服务模式的现状，分析现有服务模式存在的管理服务问题；然后，根据现状挖掘物业管理服务企业多元服务潜力，基于基础的物业服务，通过整合第三方资源的服务来延伸更多增值服务空间，从而实现现代城市社区物业管理服务模式的创新。

一、探索现有服务模式特点，分析物业管理服务存在的问题

随着城市的发展，房地产市场的建设步伐也不断加快，与其配套的物业管理服务也随之加快了发展步伐，物业管理服务逐渐形成不同的模式来适应市场的需求，在多种服务模式的发展下，也会出现各种管理服务问题，激发业主与物业管理企业之间的矛盾和纠纷，深入分析其原因才能使物业管理服务业更好地发展和进步。

（一）物业管理服务模式

物业管理服务模式大致可分为三种，分别是隶属管理、外包管理、自由管理，这三种模式各具特点，同样也存在管理服务问题。

1.隶属管理

隶属管理，是指房地产开发企业为所开发的小区配备旗下的物业管理企业，为业主和住户提供一系列管理和服务，这种管理模式相对专业化和固定化，但是因为物业管理服务企业是属于房地产开发商的，所以可能存在开发商、物业、业主三者之间的关系并不独立的问题。对于房屋质量问题、产权问题等本该属于房地产管理领域的问题，业主可能会反映到物业管理服务企业，物业管理服务企业不负责该领域的管理，会给业主一种责任不明确的感觉，也会造成不必要的纠纷。

2.外包管理

外包管理，是指业主与专业的物业管理服务公司达成商业合作的关系，业主把物业管理服务的相关工作交给专业从事物业管理服务的公司。物业管理服务公司可能在某些领域上再外包给专属该领域的公司，例如将绿植养护工作外包给绿化养护公司，将卫生清洁工作外包给清洁公司，等等。细化的工作交给更加专业的团队进行专业化管理服务，这种模式专业性强，能承担高强度的物业管理工作，其管理工作因有合同的约束而更加规范和严谨，但也会有相对的不足，例如耗费的管理成本高，多层管理容易造成信息反馈不及时，导致业主与物业管理公司之间出现矛盾。

3.自由管理

自由管理，是指业主自行通过集体选举、推荐、聘任等方式组建业主委员会，业主委员会按照物业管理办法及相关条例，对房屋建设、公共设施建设、相关设备维修、绿化环境、卫生清洁、交通维护等生活大小事进行管理，根据广大业主的意见和要求，对社区里的事宜进行管理。这种物业管理服务模式虽然在形式上符合民主的范畴，可以根据小区内广大业主的意见进行管理，使需求个性化，服务定制化，管理灵活化，但是业主的需求并不是完全统一的，个别业主的意见不合会导致业主委员会的凝聚力和执行力下降，业主既是规则的制定者，又是执行者，这种模式要运行起来需要理论和实践的进一步验证和探索。

（二）物业管理服务存在的问题

近年来物业管理服务业随着市场需求和经济增长而飞速发展，如同高速道路上行驶的快车一样，物业管理服务业规模和领域不断扩大，但管理服务的水平和质量有待提高。

物业管理服务的细节往往反映了物业管理服务的具体问题。

1.投诉机制不完善，缺乏物业纠纷调解机构

针对房屋漏水维修、基础设施损坏维修等房屋设施问题，业主和居民的投诉越来越多，物业管理服务的投诉机制不完善，业主无法依据投诉条例进行维权，缺乏物业纠纷的调解机构。物业管理服务企业与业主之间的矛盾，主要是由小区业主、物业企业、开发企业三方因房屋开发质量问题而引起的纠纷。物业企业应该完善投诉机制，建立物业纠纷调解机构，让业主办事有据可依。

2.物业收费规则不明确，存在乱收费现象

物业收费问题是反映最多的管理服务问题，问题的根源主要分为两个方面，一方面是物业收费本身存在不合理的现象，另一方面是业主对有偿服务的观念浅薄。我国尚未对物业收费制定专门的法律，物业企业和业主对收费各执己见，无法适应当前物业管理服务的发展，目前较为合理的物业收费规则是按优收费、按质收费，收费的标准不是一成不变的，而是根据物业管理服务的难度和质量进行区分的，在不同的服务质量范围内实施标准的量化，体现出管理服务的层次性和收费的差异化，做到服务和收费相匹配，从而体现合理性、公平性的原则。此外，在长期计划经济观念的影响下，部分业主对物业管理服务是一种消费的观念还不清晰，容易造成双方之间的矛盾。

3.物业管理服务范畴受限，满足不了居民的更多需求

随着人民生活水平的不断提高，生活质量也越来越好，居民的生活需求不断扩大，居民的需求领域逐渐与物业管理服务提供的服务范围形成了明显的差距，一些物业管理服务企业依然停留在基础的服务范畴。物业管理服务企业应该捕捉市场需求信息，突出物业服务的人性化理念，引领一种全新的生活方式，为小区居民营造一种高质量的生活氛围，提高其满意度。

二、针对现状解决问题，探索创新服务模式

现有的物业管理模式不尽完善，会出现各种各样的问题和不足，导致业主、管理服务企业之间发生矛盾，针对这些问题，分析其根源，探索出新的物业服务管理模式，在满足业主需求的同时，缓解业主与物业管理服务企业之间的冲突，显得尤为重要。近年

来，随着物业管理服务行业与“互联网＋”技术的跨界合作，物业管理服务的模式迎来了创新发展的新机遇。物业管理服务企业需要不断挖掘多元的服务潜力，延伸更多增值服务的空间，以求为企业探索高价值、重体验的增值服务链。物业管理服务行业结合自身优势和领域来进行创新发展模式的改革，也逐渐成为化解物业服务管理模式带来的矛盾的关键。

（一）建立健全投诉机制，提供房屋增值服务

从根源上发现，业主与物业管理服务企业之间矛盾的根源在于房屋服务，物业管理服务的重要对象是房屋，因此开展房屋增值服务是解决投诉问题的最佳方法。

未来的物业管理服务模式应该围绕房屋增值服务而开展，围绕“房屋＋”的模式做房屋资产增值服务，提供各种增值方案，增值服务范围可涵盖房屋内部、外部、延伸业务等，大致可分为装修服务、美容保养、租赁托管等几大方面。

1.“房屋＋装修服务”

“房屋＋装修服务”是针对房屋内部的新装修或旧修整的服务。物业管理服务企业应整合多方资源，与装修设计公司、家具公司等相关企业进行合作，为房屋提供装修增值服务，业主如果想要根据自己的风格和喜好对新购房屋进行装修布置，可选择物业管理服务企业旗下的装修设计公司和家具公司等，装修可根据业主的要求进行，家具等装饰品也可按照业主的喜好购置，装修期间物业管理服务企业应保障施工安全。这样的服务模式有利于物业管理服务企业对合作的相关公司进行质量和资质上的严格把控，可以对房屋装修服务质量有所保证，业主可以有多重保障。

2.“房屋＋美容保养”

“房屋＋美容保养”即针对房屋的外观保养和维修的服务。物业管理服务企业提供房屋外墙粉刷、玻璃清洁、硬件维修等服务，可延伸至房屋的安全检查、供热通风系统检查、保险及消防设备检查保养等服务，使房屋保持外观清洁、内在安全舒适，最大限度地帮助业主实现不动产的保值、增值，为业主的投资保值提供服务。

3.“房屋＋租赁托管”

“房屋＋租赁托管”即针对业主空置的房屋开展托管、委托出租的服务。业主可能因个人原因把房屋长时间空置，除了可选择“房屋＋美容保养”的服务外，物业管理服

务企业还可以提供“房屋＋租赁托管”的服务。物业管理服务企业通过发展旗下专业公司或与第三方运营商进行战略合作，提供房屋托管、房屋转售的服务，推动小区租赁托管行业的发展，为业主提供省心、便利的服务。

（二）规范物业收费问题，创造新的共同价值

物业收费问题是最难统一的问题，由于每个地区的消费水平和收费标准不一样，我们不可能做到依据相关法规来制定统一的收费标准。物业公司要参考当地相关部门的收费范围，并经过业主的认可，与业主共同决定合理的收费定价。更重要的是物业管理服务企业应对收费事项进行公开公布。

收费问题的根源是业主从心理上觉得物业没有为自己带来更多的价值，除去基础的管理服务，业主更希望交出去的每一笔费用都能得到满意的回报，因此物业管理服务企业要为业主带来新的价值。

物业管理的小区公共区域空间蕴藏着很多可利用的资源和很大的价值体现，物业管理服务企业可以与业主共同延展这部分的公共区域空间，例如电梯、停车场、快递箱、娱乐休闲活动场地等，对这些公共区域进行合理利用和空间开发，创造新的共同价值。

1.“空间＋整合运营”

物业管理服务企业在与业主达成一致的情况下，可以充分利用闲置的空间进行整合运营，例如物业可以把闲置的空间租赁出去，将其整合运营成微服务中心，为业主及居民提供快递收发、物件存放等服务，在利用闲置空间的同时，为业主提供便捷的服务。

2.“空间＋商业价值”

对于小区里电梯、停车场、快递柜等场地的广告位，物业可充分挖掘其商业价值，与业主协商出售广告位，与其他公司签订战略性合作协议，降低空间的闲置率，提高空间资源的收入，创造新的收益，发掘其商业价值，并将收入与业主分成或用于抵扣部分物业管理费用。

（三）拓展多元生活服务，提供更多生活便利

物业服务的增值业务除了房屋服务本身以外，对业主的生活服务的延伸也是一个重要的方面。物业管理服务企业应拓展多元生活服务，在满足不同业主和住户的日常生活

所需之外，提供更多、更便利的周边服务，提高小区居民的生活品质。物业管理服务企业可以利用大数据进行分析，把小区的人群按照角色、年龄等方面进行划分，总结归纳各个类型人群的需求，以日常生活所需为服务切入点，例如房屋家政、快递代收等，将生活服务拓展到社区教育、社区养老、社区金融等各个方面。

1.“生活＋社区教育”

教育是业主关注的焦点，不少业主为了孩子的教育而选择一个学习氛围浓厚或有良好教育资源的小区，物业管理服务企业可以瞄准业主的重点需求，利用现有的资源，自建团队或与教育机构强强合作，为小区引进教育资源，结合自身的地理位置优势，在小区内开展教育服务机构，开展早教、兴趣班等教学，保证教学资源的优质性。

2.“生活＋社区养老”

物业管理服务企业可根据大数据分析小区居民老年人数量，调查居民的养老需求，引进专业化养老服务机构，共同构建居家养老服务体系，以家庭为核心，以社区为依托，以老年人的日常生活照料、娱乐为内容，建立社区老年人活动中心、社区老年医疗保健中心、社区老年学堂等服务机构。物业管理服务企业可为业主提供社区养老的上门服务或托老服务，实现社区养老服务模式的创新。

3.“生活＋社区金融”

“生活＋社区金融”是物业管理增值服务中具有高投资回报的重要方向，物业管理服务企业可以与银行、支付公司、投资机构等第三方金融机构合作，提升社区金融服务的便捷性，例如代收水电费、电话费、代理非税收收入、代缴交通罚款等，代理各种便民服务，方便居民生活；开发、销售理财产品，帮助小区业主实现财富增值；开展金融知识与服务讲座，丰富物业活动。

第三节　城市社区公园运营管理模式创新

一、城市社区公园运营管理创新模式提出的背景

如今在世界范围内，许多发达国家和地区在社区公园运营管理方面已经形成了较成熟的经验，在智能化、共享性及公益性方面均有成功的案例。如日本都科摩公司于 1999 年首次将信息技术应用到了公共服务当中，以此开发设计出了基于信息技术应用的 i-mode 信息查询系统，用于之后的公园运营管理中；澳大利亚珀斯国王公园成功引导社会市民参与公园发展事业，先后成立了国王公园之友等多个社会组织自发为公园事务服务。从以上城市公园管理经验和做法来看，虽然各个国家的国情不同，其公园管理模式存在着差异，但基本都是以对公共环境管理智能化的分析为基础，同时从人性化角度出发开展多项公益性的活动，使得公共交往空间更富有人情味。由此可见，国外城市社区公园管理模式的发展越来越趋向于信息技术智能化，强调市民公众参与共享，同时在运营中注重公益性质活动的开展，增加社区的信任，建立政府与居民沟通的桥梁。

与国外的公园管理实践相比，国内对城市公园的创新管理模式研究尚处于起步阶段。目前发展阶段的管理形式是引入智能技术的理念与方法，提高运营管理的效率，比如北京的奥林匹克公园在智慧系统方面就有很多应用，包括智能灌溉系统、音频求助系统、智慧监控、水质监控与声光报警系统等。但以上公园管理形式主要运用于城市综合性公园的运营管理，对于以社区公园为研究对象的智能化案例成果并不多见。另外我国民众长期受计划经济影响，其社会公共事务参与意识淡薄，积极性不高。不同人群对于公园的需求不同，如政府主导决策建设方向与公众需求的冲突、不同年龄层使用者对公园功能需求的冲突，以及本地居民与外来游客之间权益冲突等问题，也加大了社区公园运营管理的难度。因此，发展符合中国国情的创新型公园管理模式，特别是针对社区公园的新型管理模式，是新时代下中国社会发展面临的新课题，也是社区公园未来发展应该关注的重点。

在我国现行体制下，社区公园的运营管理大多数由政府委派社区全权负责，由于社区在公园管理上缺乏专业性及系统性，由此产生的问题集中体现在园容不整、设施维护不到位、文化氛围较弱、公众组织参与性差、公园发展停滞不前等方面。而且现有社区公园大多活动项目有限、活动空间划分缺乏联系性、商业开发过度，影响着人们对公园的使用，同时公园的管理体制、经费来源、后期维护都存在较大漏洞，这就促使我国社区公园必须快速进行更新换代，探索新的运营管理模式。

上述问题的出现本质上都可以归咎于公园管理机制中系统管理方法的陈旧、缺失和实施不到位。鉴于上述典型问题，本项目由此提出了社区公园管理的“ICC”模式，即在政府及社区组织监督的管理体系下，构建一套具有智能化、共享性、公益性的社区公园运营管理模式。如何建立智能数字化管理平台，实现公众共享参与管理，实现公益性社会效应是本课题的主要研究方向。随着社会经济和生活水平的不断提高以及国内科技智能化水平的高速发展，市民群众对于公园的品质、内涵、功能、开放时间与服务质量等方面的需求也在不断提高。特别是对于老人和孩子而言，公园已经变成他们不可或缺的重要生活要素，公园在改变着社会和现代人的生活方式，成为居民提高生活品质的重要载体之一。

二、城市社区公园运营管理创新模式的研究意义

21 世纪以来，城市公园的发展同多项新科学、新技术的出现紧密相连，信息科学、计算机的发展等都为公园的建设和规划带来了新的理论、方法和视角。智能化技术是将信息网络、计算机、人工智能等多项使技术集成为一体的综合智慧技术。伴随着各种先进技术的不断发展，将智能化技术引入城市社区公园的运营管理中既是现代社会发展的必然，也是社区公园自身建设的需求。

三、城市社区公园运营管理创新模式的策略

随着人民日益增长的物质文化需求，人们对美好人居环境的需要也逐渐提高。人们需要在居住区周围享有优美环境——可供运动、休闲、娱乐的社区公园。可以预见的是，在未来的城市中，通过建设数量众多且分布广泛的社区公园来提高人们的居住生活质量。对于怎样在城市中规划建设大量优质社区公园是目前值得探讨的问题。笔者对此提出以下几点建议：

（一）活化公共资源价值

城市公园是属于全民共享的公共资源。对于这类不产生直接价值收益的公共服务产品，往往很难保证全民都得到良好的绿色资源。倘若社区公园在为全民提供免费服务的同时，并进行适当的价值活化，产生社会价值收益，将会在一定程度上改变资源配备的被动性，使社会资源主动向公园建设的方向倾斜。

（二）商业景观运营模式

商业景观运营模式的首要前提是要紧跟目标人群的切实需求，通过量化分析各种条件进行最大化的价值创造，这是一种科学合理的现代景观建设模式。在社区公园复合开发模式中，要充分借鉴这样的方式，使公园发挥出最大的效益。资本投资商的初衷是希望以优质的社区公园带动周边城市区域的整体发展，提升土地价值。而要让这一目标得以成功实现，就必须确保社区公园建设中的每一个环节，包括规划、设计、施工、养护、运营等方面，都选择最适合的专业团队人员进行作业。选择的方法就是通过市场竞争，择优录用。这将是社区公园高水平建设成果的保证，也是社区公园复合开发模式区别于传统建设模式的核心竞争力。

（三）政府和企业形成良好合作关系。

社区公园的建设能够实现政府、市民、开发商三方受益：政府不仅节约了修建公园的资金，还通过公园的落成带动了一个新城区的发展。城市居民可以免费享受社区公园

为他们创造的美好的生活环境，可以拥有一个可供步行游憩、健身娱乐、社交集会的环境优美的户外空间。开发商不仅通过社区公园获取了更高的经济效益，还和政府建立了良好的合作关系，在城市居民中树立了良好的企业形象。

随着市场经济的发展，我国已经涌现出越来越多优质的民营企业，其中不乏一些有社会责任感并且愿意为国家贡献力量的企业，政企合作建设社区公园就体现了企业家的责任感。

第四节　我国城市社区文化建设的立体式模式

随着我国城市化建设的深化，人们生活方式日趋社区化。社区建设的重要内容之一就是社区文化建设，这也是新形势下中国特色社会主义文化大繁荣、大发展建设的基础。社区文化建设是提高城市社区管理水平、创建社区文化品牌、提高社区文化竞争力乃至综合竞争力的重要途径，更是推动社会主义精神文明创建活动、全面提高社区居民文明素质的迫切要求。

城市社区文化建设涉及社区内外的方方面面，其中社区文化建设主体、建设内容、建设介体是社区文化建设发展的三大主要因素，每一个要素的内部结构都呈现出层次化、系统化、立体化态势，只有把众多构成要素和影响因素整合起来，形成立体式的建构模式，才能促进社区文化繁荣发展。

一、我国城市社区文化立体式建设主体的建构

社区文化建设的主体不仅包括政府部门、社区内基层组织、事业单位，还有大量的中小企业、公益慈善组织、众多社区居民等。我们必须通过科学的管理，形成以政府为引导、以社区基层组织为主干、以企事业单位为辅助、以公益组织为补充、以广大居民

为依托的立体式建设主体模式，灵活组建部门、单位、人员，把众多建设发展主体有效组织起来。为确保成功建构立体式建设主体，我们必须从人才本身出发，树立科学的社区文化观，完善文化人才引进、培养渠道。

坚持以人为本，树立科学的社区文化观，为立体式建设主体的构建提供思想保障。社区文化建设要以人为本，我们要把社区文化建设真正作为社区内广大居民群众的一项事业来抓，正确引导广大居民群众真心诚意地关心和参与社区的文化建设。因此，社区文化建设要在以人为本的基础上，重视社区居民的文化需求，充分发挥居民的自主选择权和自由发展权，最大程度地满足居民多元文化需求，真正做到“以人为中心”，避免“重物不重人”的形式主义和盲目跟风。

人是社区文化建设的主体，要想建构立体式社区文化建设主体，需要最大限度地吸引各部门、各单位、广大居民积极参与到城市社区文化建设中来。社区文化建设属于公益性事业，需要国家与民间共同努力来营造安居乐业的生活环境，我们可以通过政府、单位和居民等各个因素的结合，通过居民、单位与政府的协调配合来加强城市社区文化建设。因此，我们可以从以下三个方面来树立科学的社区文化建设观念，为立体式建设主体的构建提供思想保障。

（一）政府方面

政府要高度重视社区文化建设。政府官员不仅要具备科学文化理念，还要以身作则，大力宣传我国文化建设的方针政策，将文化建设同经济建设、政治建设一道纳入城市社会发展规划之中。当前政府不仅要满足人民日益增长的物质需求，还要加快文化建设的步伐，积极推进社区文化的大发展、大繁荣，让居民享受到高质量的文化成果，促进居民全面协调发展，提升整个社区的文化活力和竞争力。

（二）社区基层组织、单位方面

社区基层组织和社区内的各单位要认识到良好的社区文化要以教育人、引导人、鼓舞人、塑造人为任务，不仅要扩大社区民主政治，改善社区人文环境，还要提高社区服务质量，增强居民之间的联系，提高居民对社区的认同感与归属感，从而提升居民的综合素质，促进居民的全面发展。特别是对于社区内的各单位来说，虽然单位内部有自身的文化建设要求和活动，但单位的外部环境也不能忽视。良好的社区文化对单位文化的整体提升有着积极的影响，两者有机结合，才能实现互利共赢。所以社区基层组织和单位应建立居民联络机制，充分发挥居民的聪明才智，动员居民组织开展好各类文化活动，让社区居民在享受文化大餐的同时，提升自身素质。

（三）居民自身方面

居民作为社区文化建设的主体，有责任和义务为社区文化的发展贡献自己的力量。“社区是我家，建设靠大家”不仅仅是一句口号，更要求广大居民积极投入到社区文化建设中去。居民应积极为社区的文化发展建言献策，提出自己的思路见解，充分利用各种资源，融入社区文化建设中，有效改善社区资源匮乏现象，这样才能携手打造出文明发展、健康祥和的社区。

二、我国城市社区文化立体式建设内容的建构

鉴于城市社区文化是依托地方性、区域性的社区发展起来的，本着“从群众中来，到群众中去”的路线原则，整合社区内外各种资源，有效服务地方，是社区文化建设发展的应有之义。整合丰富的社区内外资源并加以有效利用也是社区文化建设的重要条件。城市社区文化建设的内容不仅包括硬件内容，如充足的经费、优美的环境、活动场地、活动设施；还包括各类软件内容，如活动项目的质量水平、社会效益、经济效益等

（一）加大资金投入，拓宽筹资渠道，为城市社区文化立体式建设内容的建构提供物质基础

1.政府要加大投资，做好社区文化建设资金的财政规划

目前我国城市社区文化建设的资金绝大部分来自政府财政下拨的款项。因此一方面，政府要加大对文化建设的资金投入；另一方面，对于有限的资金，财政部门应该根据年度财务规划，切实做好社区文化建设的财务预算、决算，把每一分钱都用在刀刃上，

有效保障社区文化场地充足、器材设备安全、人员培训正常、活动开展顺利等。只有建立科学而严谨的财务规划，才能形成保障社区文化财政的长效机制。

2.争取众多社会力量投资，满足其社会效益和经济效益

我国社会转型正在深入，社会上竞相出现了多重社会力量，除了固有的政府部门、事业单位，大量的中小企业、公益慈善等非政府组织纷纷诞生。社区应主动联系它们，充分发挥社会力量，拓宽筹资渠道。在科学规划专项资金的基础上，政府可以制定一些政策措施给予投资主体一定的回报。例如，投资者在创办社区幼儿园时，可以获得一定的建设补偿费，政府也可以把投资项目的命名权、广告权等交给投资者。这样可以减少投资者的投资风险，让他们不仅取得社会效益，而且取得一定的经济效益，从而进一步激发他们参与社区文化建设的积极性。政府还可以利用市场作用，通过提供场地的方式，吸引一些商业文化团体入驻，或不定期在社区内举行商业演出活动，收取适当的场地费、管理费，从而形成良性的多渠道的社会投资体系。

（二）共享社区资源，全面利用文化设施，为城市社区文化立体式建设内容的建构提供可持续发展力量

文化活动的组织、开展必须有一定的场地和设施，现在社区的环境、硬件设施基本完善。但随着经济的发展、人们生活水平的提高，人们的文化活动需求越来越旺盛，也越来越有个性特色。为更好地满足人们的文化需求，社区一方面应尽可能增加新的设施器械，另一方面应做到既有文化场地、设施的资源共享，并适度发展有偿文化服务，体现文化的经济效益。

1.社区文化资源共享是重要途径

社区内的各个政府、企事业单位都承担了一部分社会职能，也投资建设了自己的文化场地和设施，但有的单位内部的文化设施不能充分利用，存在一定程度的闲置和浪费。政府文化职能部门应出面协调各部门和单位，鼓励他们开放场地和设施，高校利用文化资源。

2.文化建设市场化、产业化是社区文化建设的重要方向

社会主义市场经济的发展为文化产业提供了重要的发展机遇，政府在提供福利性、公益性文化服务的同时，应大力发展文化产业。因为人们的文化消费不仅仅是单纯的文

化行为，也是经济行为。社区内可以引入一定量的文化产业，丰富文化消费产品，在满足社会效益的基础上，文化企业可以通过合法经营、依法纳税，面向市场，为人们带来一定的经济效益，在实现利润最大化的同时实现社会整体利益的最大化。

三、我国城市社区文化立体式建设介体的建构

城市社区文化建设的健康发展、立体式主体和内容的构建，都离不开建设保障系统。城市社区文化建设立体式介体的建构，涉及文化建设的各种工具、道具、手段以及运用、操作这些工具、道具、手段的程序和方法。城市社区文化立体式建设介体的建构，必须合乎文化建设法律规范，以科学的方法、合理的程序使用文化建设工具、道具，并在科学的文化建设规划下开展文化建设活动，形成文化建设的立体式介体结构。只有依据这种立体式介体结构，才能把建设主体和建设内容有机联合起来，形成合力，共同建设社区文化，促进社区文化繁荣发展。

（一）坚持依法治国，完善社区文化建设的相关政策法规，为城市社区文化立体式建设介体的建构提供法治保障

习近平提出“四个全面”战略布局，明确要求今后的重要任务之一是“全面依法治国”。这一方面要求我们进一步建立健全法制体系，另一方面要求人们树立法治的信仰，为社会主义“两个一百年”目标的顺利实现提供法治保证。法治文化建设是社区文化建设的重要内容，社区文化建设本身就应该做到“有法可依”。社区文化整体建设，必须充分利用我国现有法律来规范社区各部门、各单位、每个成员的行为，建立健全社区文化建设的法规体系，并制定合理的政策，使政府、社区、居民有效开展社区文化建设，保证社区文化建设有法律法规和政策的保护。

首先，政府要注意法治建设，一切社区文化都必须在法治的规范下建设。其领导组织机制、投入机制、约束机制和考核机制等都要规范化、制度化，做到有法可依和有法必依。政府要从政策上明确社区成员参与社区文化活动的地位，明确工作职责，强化责任追究，形成权责明确的法律追究机制。

其次，社区管理部门从本社区的实际出发，制定切实可行的管理制度和区规民约，以规范和约束社区日常生活中的各种行为。其立足点要放在保障社区居民的文化权益、维护社区的文化设施等方面，以保证社区的文化活动有序开展。

最后，建立社区居民民主参与机制。所有关于文化建设与发展规划的决策与执行过程都要公开透明，让居民有机会参与并监督社区文化建设。居民中不乏专家学者，在制定有关政策法规时，政府应向有关居民征询意见和建议，采纳相关居民的意见，使政策法规更加符合民意，切合实际，深入民心，增强政策法规的科学性和有效性。

（二）坚持科学发展，制定社区文化建设规划，为城市社区文化立体式建设介体的建构提供机制保障

社区文化不单纯只是唱唱歌、跳跳舞，它的目的是满足居民日益增长的文化、精神需求，优化社区文化氛围，促进社区和谐发展。这就要求社区文化建设的相关领导和职能部门树立“以人为本、科学发展”的理念，在社区文化建设中充分调研，了解居民的文化需求，认真规划，尽量做到为每一个居民提供恰当的文化产品服务。

1.理顺社区文化建设运行机制

社区文化建设的组织者、参与者众多，既包括各级党政机关，也包括下属部门、社区内的企事业单位、非政府组织和社区居民等。把这些部门和人员有效组织起来，开展好社区文化活动，是一项系统性工程。为此，我们必须理顺政府、街道、居委会、下辖单位、非政府组织、居民的关系。目前对社区管理一般按照“两级政府、三级管理”的制度，在这种制度下，我们应理顺社区文化建设的具体运行机制，各部门要分工明确，各司其职，同时要打破条块分割，加强社区自治，鼓励社区的企事业单位、非政府组织、居民等积极参与社区文化建设，形成政府认可、居委会指导、社区基层组织执行、居民积极参与的社区文化运行机制。

2.制定社区文化发展规划

为了使社区文化各项工作规范化、制度化、科学化、系统化，各个社区就应该结合本社区的具体情况，制定出社区文化发展规划。发展规划至少包括：总体发展规划、专项发展规划、阶段性发展计划、活动实施方案等内容。

社区文化总体发展规划主要是明确工作开展的指导思想、基本原则、基本任务、阶

段性目标、考核指标等，对整体工作起着顶层设计的作用。专项发展规划主要是各个社区结合本社区的区域位置、地理环境、人口素质、经济条件等不同情况，按照总体规划的要求，制定出的各具特色的发展计划，主要包括具体工作的提出背景、特色意义、任务目标、工作重点、实施措施、组织步骤、评价标准等。阶段性发展计划主要是根据年限发展要求，整合社区的各种文化发展资源，制定出的各层级的发展计划，主要包括文化场地的选定和建设、文化队伍的组建、文艺创作任务、大型文化活动的开展等。具体文化活动实施方案主要是根据发展规划和计划，针对某一具体活动制定的实施方案，主要包括具体活动目的、活动时间、负责机构和人员、组织形式、活动内容、考核（奖励）办法等。

做好这一系列的规划、计划、方案，才能保证社区文化活动的有序顺利开展，并做到任何活动的开展都“有法可依、有制可查”。

综上所述，城市社区文化建设主要由建设主体、建设内容和建设介体组成，其中建设主体发挥主动性作用；建设内容作为建设的客体，是主体活动的直接对象；建设介体是前两者的中介桥梁，三者共同构成立体式模式。在这种模式内，主体、内容、介体的内部结构又都呈现出多因素、立体式态势，充实了整个模式的运行过程，最终达到整体模式与内部子模式的互联互动，共同促进城市社区文化的发展。

第五章　我国城市社区建设及体制创新

第一节　社区建设面临的挑战与善治

一、社区建设面临的挑战

经济体制转轨、社会转型使得社区必须承担大量的社会职能，社会变迁造成的大量社会问题与矛盾给社区带来了巨大压力，而我国城市社区建设、管理本身存在的一些不足使得这些挑战更加突出。

首先，社区成员的归属感与对社区的认同感式微。社区本是指一定地域内的人们生活共同体。社区的共同体意识是在长期、稳定的共同生活中积累与形成的，是社区成员在处理共同关心的事务过程中逐渐形成的联系纽带，这是社区内在的根本活力。认同感与归属感一旦缺失，社区的共同纽带就将断裂，而只能依靠表面上存在的一些组织机构处理可能涉及群体利益的事件。

社会分工细化是现代化过程中出现的必然结果，而人与人之间的联系纽带则因此而弱化。人与人、人与社会的联系没有因为社会分工的细化而加深，反而越来越弱。包括绩效管理在内的现代手段使得工作任务与过程更加明晰，只要完成程序内的任务，个人利益就有了保障，而传统社会所需的人情互动则大大消失了。这样人变成了理性的个体，一方面是个体利益的张扬，另一方面是个人理性的膨胀，这种现代性结果的驱动成为社会运转的部分原始动力。对部分理性的现代人来说，社区只是私有财产（房产）的所在，除此之外并无任何意义。在这种理念的支配下，人与人之间的冷漠逐渐显现出来，一些人对社区事务不关心的情况越来越多，共同体所包含的责任感、个体对社区组织的信任趋于消泯。

城市化的加速使得许多以前的农村区域被纳入城市规划范围之内，城市规划中的拆迁改造打破了传统的具有历史延续性的社区范围，加上社会转型过程中出现的人口大量流动的现象也为人们形成对社区的归属感与认同感增加了难度。城市化过程中老城区的改造和拆迁使得城市原有的历史传承被打断，许多具有一定历史文化内涵的区域增加了商业气息与现代气息，变得更适合现代生活与现代居住需求。然而，传统的历史文化积淀的消失使得新社区失去了内在的文化与历史联系，基于老街区布局的地域文化为现代的西方审美式的建筑设计、文化点缀所取代，带来的是城市面貌的统一与单调。当前的很多社区除了楼层高度、建筑外貌有些许可以辨别之处外似乎已经没有其他更深厚的特质，而这可以说是制约着人们对社区形成认同感与归属感的一大障碍。在老城改造、城市规划过程中，这一问题的严重性也就日益显现。

其次，城市化过程中另一个制约人们对社区形成认同感与归属感的问题是城中村与外来人口的问题。城中村面临着拆迁改造和身份转变的问题，在当前的社区建设中，出现了许多集体拆迁安置社区，带来了诸如户籍、治安、就业、社保等一系列社会问题。拆迁安置社区的居民在急剧的身份转化之后不容易快速融入城市，而其中一些失地的、原先农民身份的居民更在城市生活中失去了方向。拆迁安置社区一般会吸引大量的外来人口，目前仍实际存在的城乡二元鸿沟使得这些地方的资源配置、社会保障存在很多问题。外来人员中的大部分打工者因户籍、收入、身份问题很难融入当地文化之中，其所在的社区存在一定的排外现象，外来人口聚居程度较高的社区则存在治安管理较为混乱的现象。很多流动人口将社区当成中转站，在自身得不到尊重与归属感的同时也丧失了对社区的信心，这就给社区的建设与管理带来极大的阻力。

现代社会的多元异质性使得社区居民的偏好与选择大相径庭，很难有一个相对良好的组织框架吸引社区成员的充分参与。费孝通先生指出“要使社区真正成为一个守望相助的共同体”，然而，当前中国的社区建设却面临着参与度不高的问题。大多数社区中的居民参与率偏低，而且愿意并实际参与社区事务的多为妇女和离退休人员，年轻人参与社区事务的人数比例极低。而且社区居民的参与领域一般仍以文娱活动为主，很少有以基层自治为出发点的社区参与。市场经济和现代社会分工使得传统的地缘、亲缘关系被打破，现代人都面临着广泛的生存、竞争压力，很少有闲暇时间参与处理社区事务。参与社区事务的普通公民实际上必须花费一定的时间与精力，而这些大多是无偿付出。中国传统社会结构延续下来的管理体制对社区成员心理及社区参与实际路径的选择造成了极大影响。前现代的中国具有特殊的社会结构，宗法组织的存在俨然形成了一个小社会，族长、家长握有支配财产、执行族规家法、决定同族人公共事务的大权。这种社会结构造成了人们思维及行为习惯上的依赖性，有些影响甚至遗留到现在，政府应事无巨细地处理社会事务、对公众负责的态度在当前仍旧扎根于很多公民内心深处，这不仅不利于政府从繁重的社会管理职能中脱身，更不利于公民社会的形成。在社区实际的管理过程中，政府职能部门、街道办事处甚至社区居委会承担了大量社会职能，至少从当前的情况看这些职能仍未明显显现出社会化的可能。

然后，社区治理的有效性与治理角色的断层错位。当前的社区建设与社区管理越来越多地引入了合作治理的理念，这是转型期社区治理的一大特征。从政府方面来说，政府既想管理好作为社会微观组织的社区，同时也想从以往的繁重职能中脱身。然而，现实也是由更稳定的制度因素决定的，美国学则会雷森伯格（P. N. Riesenberg）在论及西方社会的公共服务困境时写道：“随着大约 1 400 万美国人为某一个政府卖命，公共服务已成为一种工作。”对于中国莫不如此。而转型期市场与社会发育的不健全使得这一问题复杂化，政府的不完全退出甚至导致了部分职能的加重，市场的进入受到自身性质的制约，而社会一方在仍处于发育迟缓的情况下也难以接过并有效提供社区所需的有效治理。其中有些问题颇类似 20 世纪 70 年代西方合作主义面临的困境：“不仅要确保那些允许真正讨价还价的有组织的主导性利益之间的权力平衡，而且要确保一切相关利益和观点以某种方式参与决策过程。”显然，愿景与实际操作间的距离一开始就存在。

当前的社区是政府派出机构——街道办事处的辖区，作为政府派出机构的街道办事处，其管理的内容和重心随上级政府的变动而变动，显然其无法管理社区所有的事务。不仅如此，各职能部门也向社区延伸了办事机构，以处理基层治安、民政等事务。但是由于社区在架构上并不存在政府组织，在实际的执行过程中政府职能的有效执行就落在居委会这一本身作为居民自治组织的机构身上。这就造成了制度设计和现实运行之间的差异，居委会的运转也因此更像是传统的大包大揽式的政府管理。居委会在实际的运行中需要听从上级命令，优先处理上级布置的任务，主要对上级机关负责，而不是对社区居民负责。因此，居委会这一承接了政府在社区层面大量职能的组织带上了浓厚的行政色彩，其工作人员的薪资补贴也来自上级机关。然而社区地域范围内的管理内容广泛，社区管理的内容并不完全来自上级机关的目标设定，单纯依靠居委会及政府职能部门难以有效应对纷繁的社会事务与居民日益增长的需求。城市化、现代化带来的人口流动、治安、社保等问题通常就能占据一些工作人员大部分时间与精力，以致无暇顾及社区里的其他也同样重要的事务。现有的政府负责的方式已经不能有效应对社区的需求，社区建设单纯依靠政府财政的模式不仅给政府造成巨大的负担，实际上这种上下级之间的命令协调方式造成了效率低下、资源利用率低以及难以应对多元化的社区需求等困境。此外，社区对政府的依赖使得社区难以形成有效的民主参与自治模式，实际上政府在这里应当承担引导与培育的作用，而不是单纯地提供服务与具体配置的作用。

当前社区治理中越来越多地引入了市场这一主体，市场的进入使得社区需求得到极大满足，同时也带来了一些问题。政府将一部分服务提供的职能外包给市场，或者从市场购买服务，从表面上看这样能够实现资源配置的优化，但在实际的运行中则出现了寻租、垄断、利益纠葛等问题。城市新建小区的配套服务往往由物业公司提供，而这些物业公司往往垄断了社区服务。在法律上，业主委员会可以自行选择物业，然而新建小区入住率偏低、业主之间相互不了解等问题使得法律规定的更换物业需要经过一定比例的业主同意难以实现。在一些社区，更换物业的问题往往久拖不决，社区难以得到更优质的服务。在传统社区服务由政府提供的时代，社区服务更像是社会保障的一部分，这些服务涉及居民多方面的日常生活，起到了二次分配的作用。而当前的社区服务除政府外包、购买的服务之外，都是有偿服务，像物业之类的服务是需要集体购买的，有些群体不愿意或者无力购买这些服务。一些原本由政府提供的服务现在成为了沉重的负担。因此，市场化并不能直接带来社区的有效治理，在实际运行中，政府的退出方式、程度以及市场化的范围等都存在一些问题，这些问题反而制约了社区治理的实际效果。

社区治理的另一个令人期待的主体是社会力量，当前社会力量得到了初步发育，在社区治理中起到了一些作用。然而，社会力量往往被夸大。社会力量在当前更多的是作为政府与市场的依附性力量而存在的，社会力量尚且不足以承担起社区治理的重任。当前社会组织数量少、发育程度低，在处理社会事务中不完善、成熟。大多数社会组织是房产、家政、劳务等服务类组织，它们由经济利益所驱动，很多都存在收费高、服务差的问题。而社区本身的民间组织则数量少，不能有效满足社区发展的需要，它们大多集中于文化活动方面，参与此类活动的人群大多是兴趣相同的离退休老人。社会力量的另一个组成部分是社工，当前社区社工少，而且普遍工作积极性差，能力不高。许多城市新建小区的社区自治由业主委员会来运转，其中出现了派系政治的内部斗争、居委会与业委会争权、上级政府机关的不支持等问题。城市化与人口流动使得社区居民不可能完全由业主构成，居住在社区的其他居民的权利与利益无法得到保障。而业委会自治模式存在的排外性则进一步阻碍了社区认同的形成。在目前的社区自治场景中，居委会、业委会、政府职能部门、上级政府机关的交错存在，很多时候不仅未能实现协同共治，反而因利益纷争加剧了社区治理的乱象。

社区的有效治理有赖于居民对社区形成认同感与归属感，而社会转型过程的急剧变动与不稳定带来的是社区凝聚力的下降。市场、社会在进行社区治理的同时也造成了一些其他问题，而社区管理存在的缺陷则进一步加剧了这一问题，使得社区治理的有效性大打折扣，社区治理中出现的广泛的断层错位使社区面临巨大的挑战。

二、社区建设的善治

社区治理与善治的研究范式和话语在当前社区治理研究中得到广泛应用。有些学者注重研究社区的治理结构；有的学者构建社区善治模型，探讨社区善治的途径；有的学者采取历时性分析视角，论证社区建设由管理向善治转变的必然性；有的学者从“国家与社会”分析视角，研究党政部门、社会组织和居民在社区治理与善治中的地位和作用；还有的学者从改革社区治理结构和管理体制方面入手，主张构建一个政府、市场、社会组织和居民之间平等参与、协商共治、责任分担的制度平台，克服和解决当前社区治理中的参与困境，使各主体形成一种良性互动关系。在对该范式的界定等方面，学者们主要沿用和移植了治理与善治理论来开展相关分析和研究。但一个不容忽视的现象是，在运用善治理论来研究和探讨社区善治的相关问题时，学者们在一定程度上忽视了对社区善治研究范式本身的理论探讨和反思，对社区善治本身的理论容量则缺乏应有的理论关照和学术关怀。本节试图通过对社区善治范式的构成要素和理论特质进行探讨和分析，以深化对该问题的认识。

（一）社区善治的要素整合

本节认为，所谓社区善治，是指多元主体，包括国家力量和社会力量，公共部门和私人部门，执政党、政府、社会组织和社区居民，以平等参与、合作共赢、协商共治、利益共享为桥梁和纽带，共同推动社区和谐发展、全面发展、有效互动，从而实现社区治理中的公共利益最大化的过程。从价值取向上看，社区善治努力追求和实现“好”的治理、“有效”的治理、“最佳”的治理，是对基层民主政治和公共治理活动的一种美好的诉求和期待，使执政党、政府、市场组织、社会组织、居民在社会公共管理活动中达成一种理想状态，并确立一种最恰当的关系。本节拟从社区善治主体、社区善治客体、社区善治内核和社区善治过程等方面阐述社区善治理论的构成要素。

1.社区善治主体：平等协商的多元主体

关于社区治理主体的范围，学界存在不同的看法。有的学者认为，政府不是社区治理的参与主体，社区治理的主体包括居民、社区自治组织、社会组织和市场组织。而有的学者则认为，社区治理主体应当包括党组织和政府的派出机构。我们认为，判断某一组织是否是社区善治的主体，应当根据其在社区治理中承担的职责、发挥的功用和法律规定等方面来进行综合分析。当前，政府部门是社区建设所需要的资金、政策、信息和法律等治理资源的重要来源，在公共产品和公共服务方面承担着不可替代的作用，因而是推进社区善治必不可少的主体之一。

根据我国社区建设与治理的实际情况，社区善治主体包括：一是党的基层组织。党的基层组织要通过创新社区“党建＋”工作模式，将党在社区治理中的政治引领、组织保障和社会服务的功能融入服务居民、服务社区的各项活动中。二是政府职能部门。政府职能部门在社区治理中的行为体现的是以“命令—服从”为特征的行政机制，具有刚性和强制性的特点。三是社会组织。社会组织在社区治理中体现的是“协商—自愿”的社会契约精神，具有公益性和志愿性的特点。四是市场组织。市场组织以等价交换和商品货币关系为行为规则。五是社区自治组织和居民。社区居民是社区治理的参与者和社区发展成果的享有者，社区建设的根本目的就是为了以居民为中心，通过公平合理地配置社会资源和社会机会，不断满足居民对高品质生活的需求，打造共建共享的社会生活共同体。

从主体间关系看，社区治理主体间以“平等协商—共建共享”关系为主，这种横向的平等协作关系改变了过去政府包揽一切、包办一切、包打天下的大包大揽的做法，力图在政府与社会之间形成一种合作伙伴关系，共同致力于促进社区公共利益的最大化。值得注意的是，社区善治主体的行为边界不再是泾渭分明、固定不变的，而会出现一定程度的模糊性，政府机构和社会组织在公共事务中的责权划分要经过不断磨合调整，在动态中达成平衡和谐状态，以便更好地适应社区建设与治理实践的新形势、新要求，这也显示出社区善治理论兼有原则性和灵活性的特征。

2.社区善治客体：公共利益最大化

公共利益涉及两个非常重要的问题，即公共利益的界定与分配的问题。如何界定公共利益是公平合理地分配公共利益的逻辑前提。从这个角度来看，社区善治就是充分调动和整合社区内外资源，在实现公共利益的最大化的同时公正合理地分配公共利益。

学界关于公共利益的认识存在较大分歧，还没有形成一个公认的权威定义。不同学科关于公共利益的界定，体现了各自的视角和特点：从经济学的视角，公共利益具有非排他性和非竞争性；从哲学的视角，公共利益存在于私人利益的实现过程中，公共利益为实现私人利益提供了社会保障；从管理学的视角，公共利益是在多元社会治理中，政府部门与社会部门在利益的生产与分配上达成的共识；从政治学的视角，公共利益的产生与政治制度化密切相关，一个拥有制度化的统治机构和程序的社会，能更好地阐明和实现其公共利益。这些不同的观点说明，不同学科对公共利益的界定和认识的确存在较大分歧。这些不同认识正说明了公共利益的复杂性和重要性，也为深化认识提供了思想资源。本节认为，学者应当从公共利益的社会关系属性来展开分析。因为从本质上来说，公共利益强调的是某种行为和事物的社会属性，所以应当从该行为和事物对其他社会关系的影响程度方面来进行研究。如果某种行为对社会关系影响较小甚至没有影响，那这种行为就可以被判断为私人行为，而不属于公共利益的范畴。比如，商品房是属于个人所有的财产，所有权人享有支配权，其他人不能干涉，但是如果这个商品房已经倾斜，成了危楼，危及过往行人或车辆的安全，那就涉及公共安全和公共利益问题了。

结合我国社区建设的实际，社区公共利益主要包括：社区公共安全，包括社区治安、安全生产、车辆进出与停放、水电气的管理、社区矫正等；社区就业，主要包括就业技能培训、就业信息服务、社区公益岗位、社区便民服务等；社区医疗卫生，包括社区医疗服务、疾病预防、心理疏导、病患陪护、计生工作、卫生宣传等；社区教育，主要包括社区课堂、继续教育、学生辅导、科学文化普及、公共讲座等；社区公共设施，主要包括社区道路、路灯、广场、体育文化设施、居民活动中心等；社区公共环境，比如绿化、宠物、噪声、垃圾处理、乱停乱放等。这些社区公共利益都是"基本民生"，是落实以公平正义为核心的社区社会建设的重要内容，关系到社区居民能否享受到均等化的公共服务。

3.社区善治内核：权力与权利的双向互动

广义的权力观认为权力的本质是一种支配力和影响力。社区居民和社会组织依据法律所享有的权利也被视为一种权力。按照这种看法，社区权力谱系呈分散状态分布，权力主体和权力类型也是多元化的。但即使把支配力和影响力作为权力的核心，实际上政府部门所拥有的支配力同社会组织或个人所拥有的支配力是有很大不同的，二者在性质、形式和法律后果方面呈现出本质的差异。国家权力和社会权利的互动关系是社区治理中的核心命题。

在社区场域内，权力与权利之间、不同权利之间的互动关系决定了社区治理的运作模式。根据国家权力与社会权利互动关系的不同，我国社区在发展过程中形成了三种不同的治理模式，即政府主导型社区、合作型社区、社会主导自治型社区。在社区治理中，国家权力与社会权利、不同群体的社会权利之间处于博弈的状态：首先，就国家权力与社会权利之间的关系来说，社区治理发展的不同阶段和不同形态，是政府与社会之间相互博弈、妥协和斗争的结果，表现为一种压力下的渐进式运动。正如美国社会学家博克斯（Richard C. Box）所指出的："社区生活有时是以共识、合作和渐变为特征的，但这只是例外情况而不是常态。在更多的时候，社区环境是冲突性、竞争性的，充满着令人不安的变化。"其次，就社会权利之间的关系来说，一方面，社区治理主体的权利是由法律规定和授予的，法律是调节权利关系的重要手段；但另一方面，在利益分化的背景下，不同利益集团之间、不同的社会群体之间的利益取向并不一致，由此造成了不同权利主体之间的利益冲突。此外，不同群体和组织在利益表达、利益维护、利益实现上的能力是不同的，强势的利益集团可以采取多种手段和措施，通过群众动员、公关游说、利益交换等方式，左右决策部门的意向和行为，更容易实现和扩大自身利益。更为严重的是，因为得不到有力的支持，一些真正重要的提案和议题可能没有机会进入决策议事日程，它们在进入筛选阶段之前就被过滤掉了。

4.社区善治过程：从管理到善治的转变

随着社会治理形势日益复杂多变，社会治理模式也正在从单向管理转向双向互动，从单纯的政府管理转向社会协同治理。从管理到治理的转变有两个重要条件：一是随着计划经济体制向市场经济体制的转变，国家全面掌握资源分配的时代结束了，单位制管理模式逐步解体，以纵向为主的资源配置方式也随之改变，这为社会横向参与提供了空间。二是市场经济逐步发展并在资源配置中起决定性作用，利益来源、思想观念、组织方式和生活方式等都日益分化和多元化，构建多元参与、协调互动、利益共享的治理格局成为客观需要。社区治理的发展过程可以大致分为先后相续的两个阶段，即“管理—控制”阶段和“治理—善治”阶段。

（1）社区治理的“管理—控制”阶段

这一时期社区建设的显著特点是，强调国家权力向基层社会的纵向延伸，居委会行政化趋势加剧，忽视了横向的居民参与网络和合作能力建设，草根民主和社会资本发展缓慢。《中华人民共和国城市居民委员会组织法》确立了社区治理的基本结构，即以“街道办—社区党支部—居委会—居民”为轴心的纵向社区权力结构体系，对我国社区治理的运作模式产生了深刻的影响。根据这部法律，社区居委会是一个群众自治性组织，享有法律规定的自治权，但也要接受政府部门的工作指导，协助政府相关部门履行行政管理职能。在社区建设与治理的实践中，社区居委会“自我管理、自我教育、自我监督、自我服务”的自治功能日益弱化，而行政化问题日趋严重，破解社区自治组织行政化的难题成为社会各界普遍关注和重点研究的热点问题。

（2）社区建设的“治理—善治”阶段

在这个阶段，以“参与、合作、共享”为核心的社区治理理念开始成为社区建设的指导思想，居民参与社区治理的途径、方式越来越多样化。社区治理不再仅仅以国家权力的纵向分布为核心展开，政府治理、社会自我调节和居民自治的良性互动格局开始形成。党的十六大提出了建设管理有序、文明祥和的新型社区的要求。党的十七大提出了关于社区治理的社会生活共同体理论。社会生活共同体理论的提出，表明社区治理不仅包括党和政府自上而下的管理活动，而且还强调一定地域内居民的有机组合和良性互动，地域性、认同感和公共生活是社区建设的重要内容。党的十八大强调要发挥基层各类组织协同作用，实现政府管理和基层民主有机结合。党的十八届五中全会提出要构建全面共建共享的社会治理格局。党的十九大提出要实现政府治理和社会自我调节、居民自治的良性互动。在城市社区建设的实践中，纵向的权力配置和横向的社区参与开始形成纵横交错的网络结构，国家权力与社会权利在博弈过程中逐渐形成推动社区治理良性发展的合力。

（二）社区善治的理论特质

马克思指出：“每个原理都有其出现的世纪。”理论创新是时代的产物，凝聚着时代的精华，发挥着指导人们的社会实践、推动社会发展进步的重要作用。社区善治也是时代条件和社会实践的产物，经历了从社区管理、社区治理到社区善治的发展变迁历程，具有科学性、实践性和包容性等理论品质，揭示了我国社区建设与治理的内在发展规律。

从科学性来说，社区善治体现了社会主义民主政治发展的内在要求和发展规律。从善治与民主的关系看，善治不仅强调民主的形式，也强调民主的实质；不仅强调民主过程，也强调民主结果。社区善治集中体现了社会主义民主政治的价值取向，也是指导社区治理的方法论。从权利与权力的关系来说，社区善治强调国家、市场和社会之间的良性互动关系，其权力向度是双向的，共同致力于社会公共利益最大化。从社区建设的实践来看，政府部门、社会组织与居民之间的合作共治将成为常态，国家与社会之间的边界将随着社会治理实践的推进而不断调整，基层党组织要创新社区“党建＋”工作，充分发挥团结群众、带领群众和服务群众的政治整合作用，社会组织和居民也要更广泛、更深入地参与社区治理的各项工作中。

从实践性看，社区善治是对日益复杂的社区治理形势的回应和关怀。社区善治充分认识到不同主体之间错综复杂的关系：一方面，社会内部存在利益分化、阶层分化、群体分化的现象，不同主体之间往往存在着激烈的竞争关系，社会矛盾和冲突时有发生；另一方面，党领导下的以法治为保障的社区多元治理结构为克服短期利益竞争，建立长期合作关系，维护公共利益奠定了政治基础。社区善治立足于复杂多变的社会现实，不断完善社区治理制度空间，推进基层治理法治化，保障社区治理参与者的合法利益，合理地界定社会自治与政府管理之间的运行边界，激发社会主体参与活力，为社会提供发展动力。

从包容性方面来说，社区善治着眼于利益分化的社会背景，正视各种矛盾冲突和利益纠纷，健全利益表达、利益协调和利益保护机制，构建多元参与、共建共享的治理格局，克服分歧，寻求社区公共利益的“最大公约数”，公平合理地配置社会资源，从而不断提高社区居民的福祉，满足群众对美好生活的期待。一方面，这样可以减轻政府的压力和责任，改变政府在社会治理方面的全职保姆的角色，让政府职能部门从具体琐碎的行政事务中解脱出来，将有限的行政资源用于公共服务、规则制定和有效监管等方面，从而降低行政成本，提高行政效率；另一方面，这样可以促使社会进行自我管理、自我教育和自我服务，激发社会参与意识和公共精神，提升社会调节能力，培养居民的组织协作能力，进而实现政府治理和社会调节、居民自治的良性互动。

第二节　我国城市社区建设

改革开放以来，随着社会主义市场经济体制的建立，我国城市的社会管理结构发生了很大变化，过去的“单位人”逐渐转变成“社会人”，尤其是自由流动的资源和自由活动的空间在社会中出现，导致城市原有的基层社会管理体制“单位体制”和“街居体制”相继失效或失灵，而此时大量的社区则应运而生，社区管理成为城市治理的主要内容。

作为现代城市的实体组成部分，社区所具有的自我管理和自我服务的社会功能，在城市治理中发挥着独特的作用。所以，在理论与实践上研究社区建设问题，能够更好地使我国由单一的行政管理模式转变为政府和社区积极互动的良性治理结构，完善政府依法行政和社会非政府组织积极参与的互动机制，逐步构建“小政府、大社会”的现代城市社区管理框架，减轻政府的财政负担，转变政府工作职能，使政府移除不该管理的事项，切实管理好该管理的事情，社会的事情交由市场与非政府组织，从而更好地使资源配置达到最优化。同时，这对维持我国城市的正常秩序，促进城市的和谐发展与经济繁荣，满足城市居民物质与文化需要，迎合不同层次和不同领域居民的利益诉求具有重要的意义。不断完善我国的城市社区建设，现已成为我国社会发展的一个战略性问题。

一、城市社区建设存在的诸多问题及其原因

我国的城市社区热兴起于20世纪80年代。到20世纪90年代，城市社区公共管理模式的改革逐步被提了出来。尤其到2000年，中共中央办公厅、国务院办公厅转发《民政部关于在全国推进城市社区建设的意见》后，我国各大城市按照有利于社区管理、居民生活、民主自治、整合资源等的原则，掀起了一波全面推进城市社区建设的新浪潮。

经过多年不断地尝试，我国的城市社区建设形成了一定的规模，达到了一定的发展水平，具有了自己的特色，也取得了巨大的社会成就，但是与国际先进国家相比，还有很大的差距，主要存在以下几点问题：

第一，相关法律条规建设滞后。这使得我国城市社区管理的权力界限变得模糊，容易引发各种争议。目前涉及我国城市社区的相关法律，主要有1954年通过的《城市街道办事处组织条例》和1990年起实施的《中华人民共和国城市居委会组织法》。由于制定的时间比较早，所以这两部法律已经不完全适应我国社会发展的需要。如街道办事处和居委会之间指导与被指导关系的规定，在工作中并没有被很好地贯彻执行。

第二，居民参与管理的兴趣不高。表现为“城市社区一头热，居民一头冷”，特别是居民参与的机制非常不完善，使得城市社区与居民之间的合作缺乏默契。目前，我国城市社区建设的实际情况不太理想：一方面，城市社区提供的让居民参与的事项太少，

居民较少涉足城市治理中的公共权力运作，导致居民对其参与的价值和作用表示怀疑，因而缺乏足够的参与城市社区建设的热情；另一方面，城市治理过程中缺乏居民参与的渠道，居民参与城市社区建设缺乏一套详细而规范的程序作为制度保障，因而具有较大的随意性。这也导致居民缺乏参与城市社区建设的积极性，严重影响了城市社区与居民之间的有效合作。

第三，城市社区建设的投资机制不健全。我国的城市社区建设缺少长效资金投入机制，并且投入的力度也不够，一些城市社区建设没有被正式列入财政的预算之中。政府中一些职能部门在城市社区建设方面的资金往往根据本部门或本系统的需要进行分配，因而有限的资金一般是分散而且管理不规范的，缺乏制度化的保障，所以难以发挥综合性效益。此外，除了政府的专项投入以外，城市社区自筹资金的能力也非常差，没有一套完整的自筹资金机制与途径。由于资金筹集的渠道非常狭窄，所以资金的来源严重不足，使得城市社区建设对政府财政投资的依赖程度较重。这也势必会导致行政全能主义的趋向更为严重，使得城市社区自治的实现变得更加困难。

第四，城市社区的管理队伍及工作人员的整体水平有待提高。在现阶段，我国的城市社区管理队伍存在一定的问题。城市社区的管理人员待遇较差，城市社区管理队伍的准入机制不健全，导致一些城市社区的管理人员文化程度与道德素养严重偏低。

二、完善城市社区建设的对策建议

随着社会经济的不断发展，以及改革的不断深入，完善城市社区建设就成为城市管理与发展的重要组成部分。一般来说，要想不断完善我国城市社区的建设，促进城市的和谐发展与经济繁荣，必须认真做好以下几点：

第一，加快转变政府职能，把深化城市社区体制的改革作为工作重点。一方面，政府要努力转变自身的行政观念与职能，摒弃“官本位”的传统思想，树立“权力来源于人民，权力服务于人民”的公仆意识，严格依据法律法规的授权来明确自己在社会管理方面的责任，通过向城市社区放权，进一步厘清街道办事处与城市社区的职责，处理好两者的相互关系，彻底改变政府主导的行政化取向，真正实现“小政府、大社会”的治国理念；另一方面，政府要从建立服务型政府入手，充分调动居民和非政府组织投身城市社区建设的积极性，发挥政府对城市社区在工作上的指导与监督职责，以及在资金上的支持作用和在政策上的引导作用。政府要彻底废除街道办事处随意向居民委员会下派任务的思维以及这种思维产生的制度根源，从根本上杜绝“下改上不改”的现象，把街道办事处与居民委员会之间指导与被指导的合作关系落到实处，把构建一个城市社区利益共同体作为城市治理的终极目标。

第二，建立“权随责走，费随事转”的工作职能，创新政府的管理方式，营造一个有利于城市社区发展的清明政治生态。政府在下放工作职能的同时，要明确城市社区工作经费的拨付标准，城市社区在为有关政府职能部门代办业务时，可以按规定向服务对象开展有偿服务。一般来说，“权随责走，费随事转”存在四种工作方式：一是政府部门只出人而不出钱，仅向城市社区派驻人员完成部门职能；二是政府部门只出钱而不出人，政府部门通过筹资向城市社区购买服务，城市社区通过招聘人员去完成社区治理工作；三是政府部门向城市社区放权，城市社区通过自主管理与自我服务，完成城市治理的工作；四是政府部门既出钱又出人，对业务性、技术性较强的事务做到“费随事转”的同时，因岗设人，由政府部门最终安排完成，将社会服务的触角延伸到城市社区的每一个角落。

第三，以法律为依据，明确城市社区自治的法律地位，切实落实城市社区公共事务和公益事业的决策权、管理权、公共财政权和监督权，使现实工作重心有计划地下移，提升城市社区的服务功能与辅助管理功能，从根本上保障社区治理的完整性。通过增加公共财政的支出，不断改善城市基础设施，提供更多的公共服务，努力提升公共服务的管理水平，协调好城市治理主体的利益，通过提高居民生活水平与公民素质，达到消除利益分化的社会管理目标。

第四，理顺城市治理的主体关系，促进城市社区的大力发展。在完善城市社区建设的过程中，坚持政府与城市社区之间的指导与被指导关系，逐步消除实际存在的领导与被领导关系。政府应该依法加强对城市社区工作的指导，而城市社区则有义务协助政府做一些非经常性、非行政性、与居民利益相关的工作。这也是我国城市社区建设的必要条件，有利于优化城市社区内部结构，增强其自身的独立性，改变各项社会资源单向流动的传统管理格局，彻底打破社会资源一元供给主体的模式。

第五，努力构建城市社区居民参与社会管理的平台，加强城市社区与居民之间的合作。城市社区与自身利益的关联度和参与渠道是否通畅，将直接影响到居民参与社会管理意愿的强弱，因而构建城市居民参与社会管理的平台，精心培育与发展城市社区的服务部门，组织丰富多彩的文化生活，可以强化居民对城市社区的归属感，调动居民参与城市社会建设的积极性，使得城市社区建设与居民的切身利益联系得更加密切，促进相互之间的合作。

第六，积极促进城市社区民间组织健康有序发展，不断强化城市社区民间组织的自治地位，降低城市治理的成本。城市社区民间组织的建立，必然引发城市社区的各管理要素的巨大变化。这就要求政府对城市社区的服务与管理进行分类，从广大居民的客观需求出发，本着自愿举办、总量控制、重点培育的资源整合原则，按照市场运作的规律，大力发展非政府机构的社会中介组织，培养专业的社群从业人员，提供更加科学的服务项目和服务产品，以符合服务对象的质量要求，让那些符合居民根本利益的民间组织能够得到健康有序地发展。

第七，不断培育居民的民主意识，大力发展具有城市社区特色的基层民主。城市社区居民的民主参与意识，对于城市社区的管理和发展至关重要。提升城市社区居民民主意识，首先要制定和理顺城市社区基层民主的管理体制，使之得到城市社区的赞同与支持，既要让最基层的城市社区工作人员在改革中得到实惠，也要让居民觉得自己的权益可以通过城市社区基层组织得到全面的保护；其次要明确城市社区工作人员的身份、职责，帮助他们解除工资、福利等待遇方面的后顾之忧，让他们全身心地投入到城市社区服务当中；最后要让城市社区的多方主客体在扩大基层民主方面献言献策，不断促进城市社区民主水平的提升。

第三节　城市社区体制创新

一、城市社区治理体制创新

随着城市化进程的加快，我国的城镇化率在进一步提升，我国逐渐结束了以乡村型社会为主体的时代，迈入了以城市型社会为主体的新时代。但是受住房体制改革、城市化进程加快等因素的影响，房地产商、物业、业主委员会等城市社区治理新主体出现，利益诉求日趋多元化，与此同时更多的矛盾暴露出来，对于城市基层社会秩序的稳定造成一定的影响。在这一时代背景下，人们更加重视社会治理体制的创新，城市社区的治理工作面临新的形势和变化，所以在当前的时代背景下，重视城市社区治理体制的改革和创新，推动社区治理体系和治理能力的现代化，有效解决社区暴露出的矛盾，维护社会的稳定，是当务之急。

（一）社区治理体制及存在的主要问题

一般而言，社区治理体制是社区治理主体为了一定的社区目标而对社区客体进行的相关体系安排，其中，包括社区治理主体的构成、社区目标的制定、社区治理客体的范围。目前我国社区治理主要存在以下几点问题：

第一，社区资源的配置方式不够合理。这是一个人们长期关注的问题，也是一个非常重要的问题。社区治理体制改革涉及资源的再分配问题，并且这一问题会催生出其他新的问题。

第二，部分居民未能有效进行自治工作，社区治理的活力不足且自治空间受到一定限制。部分自治组织的合法性有待商榷，这些组织自身存在能力不足的问题。

第三，相关方面的法律体系滞后，体系不完善，修改的难度比较大，限制了一些工作的有序开展。

（二）社区治理改革的发展方向

1.政府转型

首先，政府需要做好转型工作，构建起一个服务型的政府，从居民的根本利益出发，明确自身的责任，同时依法行政，对公共事务进行重新界定，结合公共事务的性质等进行分类，不断明确政府自身以及自治组织等社会组织所需承担的职责，确定介入的程度。尤其是对于类型不同的社区，一定要探索出分类治理的方式方法，摒弃传统的思维方式，适当进行权力下放，保证社区有一定自治权。其次，政府在决策之前，需要结合实际做好充分的调研，角色的转变需要具体化，尊重社区居民的意愿，只有政府转型才能释放更多的资源以及权力，社会才可能更好地重建和发展。

2.社会重建

我们应该充分地思考社会的新的增长点有哪些，以及存量和增量的问题。从社区自治的方向来看，居委会可以看作一个自治载体或主体。社区治理是多主体多中心的共治，除了坚持党的领导，还需要重视社区居民的主体性，重视多机制的协调互补，政府转型需结合社会重建，共同促进体制改革的高效进行。

3.完善法律法规

要重视弥补相关方面法律法规的空白，发挥立法机关的作用，结合城市社区发展过程中暴露出的一系列矛盾，进行一定的法律约束以及指导，对一些难以有效解决的问题进行解释和界定，并对社区居民给予一定的政策指导，从公平公正的角度出发，维护社区的发展。

综上所述，未来社会治理的重点是城市区域，但是当前我国很多城市的社区治理还处于比较复杂多变的形势下，若是想要取得有效的进展，还需重视城市社区治理体制改革创新工作的进行，构建健康有序的城市社区治理格局，推动社区以及社会更好地发展。

二、城市社区管理体制创新

当前我国城市社区管理模式是以政府为主导，以社区自治为辅的行政性管理模式。在新时期下，伴随社会主义市场经济改革的深入，很多公共服务、管理职能都从以往的政府承担转向社区承担，由于当前政府主导的社区管理模式还存在管理主体单一、社区自治能力差、居民对社区服务不满意、街道办事处事务处理程序复杂等问题，极大影响了社区管理效果。在这种情况下，我们必须积极探寻一种全新的社区管理体制。

（一）城市社区管理中的不足

1.城市社区管理体制不顺

从当前城市社区管理体制看，还存在管理体制不顺的问题，主要体现在以下几个方面：

第一，社区组织自身问题。在社区管理中，社区居民的自治权利是需要相应的社区组织进行维护的，而在实际中，很多社区还缺乏相应的社区组织体系，或者是社区居委会代替社区组织，导致社区自治性比较差，难以发挥其效应。

第二，主体关系不顺。社区组织、社区居民是社区管理中最重要的三个主体，但是在实际中，由于这三个主体之间的关系不顺，从而极大影响了社区管理效果。在社区管理活动中，社区组织、社区居民之间应该是平等的关系，而在具体的管理中，经常会出现社区组织服从领导、社区居民服从社区组织的情况，社区管理主体之间从平等关系变成附属关系，导致社区管理活动很难有序进行。

2.行政化色彩浓重

在新时期下，随着现代管理理念的兴起，越来越多的新管理模式被应用在社区管理活动中，社区管理体制也呈现出多样化的状态。在实际社区管理中，仍然存在浓厚的行政色彩。首先，街道办事处的工作量很大，由于政社不分，街道办事处承担了很多行政管理事务，难以充分发挥其社会管理的职能。其次，社区自治组织的工作具有很强的行政化色彩，如社区居民缺少发言权、社区自治组织被动服从街道办事处的安排等，导致社区自治组织管理职能逐步弱化，而居民也会因此感觉自己的意见得不到尊重，不再相信社区自治组织，甚至产生抵抗心理，极大影响了社区自治组织的公共服务管理职能。

3.城市社区服务不全面

在社区管理中，社区服务是一项十分重要的内容，也是促进社区建设的重要方式，就目前而言，在城市社区管理中，社区服务工作大多局限于便民服务、家政服务、特殊群体服务等方面，对于其他方面的公共服务，如居民社会保障、医疗卫生服务、教育服务等则很少涉及。从社区服务层次看，社区公共服务可以简单分为精神生活服务、保障服务、救助服务等几个方面。其中救助服务是为了保证社区居民的生存；保障服务是为了保障社区居民的正常生活；精神生活服务是为了促进社区居民生活质量的提升。而从当前城市社区服务情况看，还有很多不足。一方面，缺乏相应的社区服务管理机制，并且社区缺乏配套的公共服务设施；另一方面，社区居民对公共服务的满意度低，社区总体服务质量差，这就极大地制约了社区管理的规范进行。

（二）城市社区管理体制创新策略

1.建立权责明确的社区管理体系

在新时期下，实施城市社区管理活动时，必须建立权责明确的社区管理体系，社区管理体系应该由社区成员代表、社区党组织、社区居委会等共同组成，其中社区成员代表是社区管理的决策者，需定期对社区公共事务进行讨论、决定；社区党组织需要在思想上对社区管理活动进行引导，把握原则、方向，支持社区自治，不干预社区管理日常事务；社区居委会主要负责社区管理的日常事务，是社区居民进行管理、服务、监督的群众性组织。在社区管理活动中，还需要尽快健全资源配置机制，加强社区公共基础设施的建设，不断提高社区公共服务能力，满足社区居民的各项公共服务需求，平衡各方利益，提高社区居民对社区的认可度。要完善社区工作机制，加强社区文化建设，规范社区道德，通过社区文化、道德实现对社区居民的约束，从而有效减少社区居民之间的矛盾，促进和谐社区建设。

2.准确定位有关部门的角色

在城市社区管理活动中，政府有关部门必须从民生优先的角度出发，准确定位自身角色，从而更好地促进城市社区管理活动的开展。在新时期下，有关部门的角色应定位在以下几个方面：①引导者。在社区组织的成长过程中，有关部门应该承担引导者的角色，要主动去帮助、扶持社区组织的成长，这样才能更好地促进社区自治的发展，同时还可以准确把握社区发展方向，引导社区朝着规范化、法治化的方向发展。②组织监督者。在社区管理活动中，有关部门可以对社区活动进行组织，或帮助社区组织进行活动组织，同时还能对社区活动进行良好的监督，避免出现越权行事的情况。③保护者。在社区管理中，有关部门应该制定相应的政策对社区组织进行保护，并给予其相应的人力、物力、财力支持，使得社区管理活动可以稳定进行。

3.完善社区公共服务

在新时期下，伴随着经济的发展，城市居民的生活水平越来越高，对社区服务的内容要求也越来越多，衣食住行、学习、娱乐、健康、教育等民生话题越来越受到社区居民的关注。在这种情况下，政府必须集中社会、社区等各方面力量，建立全面的社区服务体系，包括生活服务、就业服务、公共服务、急救服务等各方面的服务内容，为社区居民提供多样化、全方位的服务，使得社区居民的生活更加有保障，以此保证社区管理活动的有序进行。要进一步加快社区服务的产业化、社会化发展。在实际中，有很多社区服务项目具有低偿、福利、微利等性质，与社会化、实体化经营相似，对此可以推进社区服务的产业化、社会发展，并建设全新的服务领域，满足社区居民对公共服务的各项需求。此外，还需要充分利用现代网络技术在社区公共服务方面的作用，通过社区论坛、社区网络等，与社区居民进行匿名沟通交流，全面了解社区居民的想法、需求，从而有针对性地为社区居民提供公共服务。

4.推进社区居民自治

城市社区管理的最高境界在于“不管而管”，即由居民自主管理。社区居民不仅仅是社区的居住者，同时也为社区管理的主客体。当前城市社区管理中还存在社区居民管理意识不强、社区管理不积极等现实问题。对此，加快社区居民自治建设显得刻不容缓。首先要拓宽居民的参与空间，要鼓励居民志愿组织的建设，如合唱团、治安巡逻队等志愿性社团，拉近居民之间的感情，加深居民之间的交流，并通过各种文体活动的开展，促进居民团队意识的形成，提高居民的凝聚力，为社区组织的自我发展打下良好基础。其次要注意居民参与形式的创新，如开展居民单元自治、建立社区居民公约等，让广大居民针对与自身利益相关的问题进行协商，共同思考解决方法，充分调动居民的主动性。

综上所述，新时期下，民生问题越来越受关注。城市社区管理是民生问题中十分重要的一项。社区是居民生活、生产最关键的场所，要想真正做好城市社区管理工作，就需要坚持民生优先的理念，对城市社区管理体制进行创新。

第六章　我国城市社区创新实践

第一节　我国城市社区自治面临的转型

一、变化中的社区自治语境

所谓社区自治，就是指不需要外部力量的强制性干预，社区各种利益相关者习惯于通过民主协商的方式来共同处理社区公共事务，并使社区进入自我管理、自我教育、自我服务和自我约束秩序的过程。它是城市居民依法直接管理基层社会公共事务的一种民主形式，是社会主义基层民主在城市的广泛实践，也是公民参与和自我发展的最有效途径。

改革开放以来，在中央政策的引领和各级党委、政府的努力下，我国城市社区自治工作得到了稳步有序的推进。社区自治机制不断健全，主要表现为：民主选举工作取得较大进展；民主决策和协商机制不断规范；民主监督形式不断创新，范围不断扩大；民主管理工作得到进一步加强。社区自治体系不断完善，基本形成了以社区党委为核心，以社区居委会为主导，社区群团组织、社会组织、驻地单位以及社区居民积极参与和支持社区自治建设的工作格局。社区自治空间不断扩大，各地为发展社区自治，积极探索基层管理体制改革的新途径，使邻里关系不断得到调整和优化。社区服务网络和功能不断拓展，相关法律制度也陆续出台。社区自治水平不断提升，居民整体素质不断增强，自治工作取得了显著成效。

尽管如此，我们仍然必须清醒地认识到，随着城市的不断发展与变迁，城市社区自治所面临的环境及条件与过去相比也早已不可同日而语。一方面，社区的异质化程度日渐加强，越来越多的城市社区开始逐渐从“熟人社会”向“陌生人社会”转变，传统的血缘、地缘与业缘关系在今天日趋流动和变化的现代化社区也开始逐渐被瓦解，居民对社区的归属感和认同感匮乏，这种现象在一些高度异质化的社区如新兴的商品房小区或是外来人口集中居住的社区表现得尤为明显。很显然，在这种高度异质化的城市社区中开展社区自治，必然需要一个具有强大凝聚力和号召力的领导核心，才能够把这些分散的、原子化的个体和组织整合在一个共同的空间内，从而实现社区持续有序的自我管理和自我服务。这无疑为社区党组织和居委会的建设与重塑提出了新的要求。另一方面，城市社区管理体制发生了演进与变革。长期以来，我国城市管理体制基本上采取的都是纵向垂直管理模式，即“市—区—街道办事处—居委会”的四级管理网络。这种层层下达城市管理任务的管理模式使得政府的权力与职能在基层社区得到了极大的拓展和延伸。这也是造成居委会功能异化并广受诟病的主要原因之一。而今，我们看到，随着国家与社会关系的不断调整，长期以来形成的由政府主持、居委会操办的线性社区管理体制也正在悄然发生变化。大量外在的和本土的社会组织开始不断涌入社区，以自己独特的优势逐渐成长为社区自治中的重要力量。这意味着政府再也不是基层社会网络中唯一的权力中心，社区逐渐成为一个由多种主体共同治理的公共场域，其运行机制则是面对面的协商与沟通。因此，在新的历史背景下，如何把握城市社区在发展过程中出现的新情况、新问题，如何回应社会需求，寻求新的自治路径应是新时期我国城市社区自治不可回避的重要课题。

二、新时期我国城市社区自治面临的困境与障碍

如上所言，新时期我国城市社区自治无论是主体、方式，抑或是目标内涵等都在发生着巨大变化。而与不断发展的时代要求相比，很显然，我国城市社区自治在具体实践中仍面临角色失衡、资源紧张、参与匮乏以及共享不足等诸多困境，具体体现在：

（一）社区居委会自治功能被弱化

一直以来，居委会角色异化都是理论与实践界广泛关注的问题。虽然近年来政府在为基层减负方面做了不少工作，但社区居委会自治功能弱化的问题仍未从根本上得到解决。其原因之一就在于外在权威的过度介入，即自上而下的任务摊派对居委会自治功能

的消解。主要表现为：①居委会任务繁重，导致责任权利不对等的现象依然存在。特别是随着中央对基层治理的日渐重视以及城区工作重心的不断下移，社区工作任务的增加成为一个必然趋势。但问题是，目前一些政府职能部门在经费、人员方面尚欠考虑，直接将上级交付的任务以文件的形式逐一下沉到社区，致使社区法定自治事务与政府下派的行政事务长期掺杂在一起，不可避免地造成了居委会在处理社区事务上心不从心的现象。居委会的自治功能得不到实现，居委会由于不能体现居民的主体意识和参与意识，因而难以赢得居民的认同。②社区财务不独立，居委会自治主体地位受限。长期以来，居委会的办公经费、活动经费等都由街道办事处代管，并实行严格的单据报销制度，而且鲜有知情权、支配权和拒绝权。经济地位的不独立，导致居委会对街道办事处的依赖。而这种传统的路径依赖又直接导致居委会作为法定自治组织在面对新形势、新任务时难以迅速做出积极的调整和回应，以至于社区自治陷入了一个权力失衡的困境。

（二）社区社会组织力量偏弱

社区社会组织是近年来成长起来的一支非常重要的民间力量，它们在推进社区建设、增强社区凝聚力、加强社区团结、提高居民自治能力中扮演着极为重要的角色。然而，由于法律法规缺失、体制不顺、扶持引导不足等原因，社区社会组织在发展过程中还存在着数量偏少、种类不齐全、资金来源不足等问题，影响了其功能的充分发挥。主要表现如下：一是社区中介组织作用有限。当下，虽然社区中介组织的整体数量在逐年攀升，但真正登记备案的社区中介组织数量还并不多，服务和覆盖的人群范围不广，组织参与人员的专业化程度也不高，基本还处在一个“自在自为”以及“小众参与”的发展阶段，一些社区中介组织所能提供的服务不能满足社区居民对服务常态化以及持续性的要求，其影响力与社区服务能力还很薄弱，在一定程度上制约了社区自治的纵深发展。二是业主委员会自治功能不强。作为社区新型的自发性组织，业主委员会在推动我国城市社区治理结构转型，实现社区善治方面发挥了重要而积极的作用。但不容忽视的是，业主委员会在成长的过程中，仍存在一系列的问题，这些问题都在较大程度上影响了业主委员会功能的发挥。

（三）社区居民缺乏自觉参与的意识

社区居民能否积极理性地参与是衡量一个社区自治水平的重要标志。尽管随着社会的不断发展，社区居民的权利意识日渐觉醒，越来越多的居民有时间、有意愿、有能力参与到社区公共事务中来。但从整体情况来看，当前一些社区参与还是表现为一种非理性的利益性参与，存在参与过剩和参与淡漠并存的现象。一方面，当有利可图的时候，社区居民的参与欲望非常强烈，导致不少基层社区为迎合这一需求而在短时间内创建了大量的参与平台和机制，但由于缺乏系统科学的规划、设计和指引，一些社区的参与体系因为缺乏行政力量的主导而难以发挥长久持续的作用，从而使社区参与进入一种潮汐式的困境。同时，由于社区居民对事情的认知程度不一，再加上其素质和能力水平参差不齐，非理性参与的现象仍然相当普遍，给社区稳定造成了极大的困扰。另一方面，当无利可图的时候，一些社区居民倾向于保持沉默，权利自觉意识还远未形成，更不用说承担起社区自治的主体责任。所以，居民参与的主动性不足和理性匮乏对于社区自治的长远发展来说仍是一个不可忽视的问题。

（四）社区共享信息资源不足

在现代社会，信息不仅是连通社区自治主体的有效纽带，而且也是提升社区自治水准、平衡并维持有序自治格局的一种重要资源和手段。随着信息技术的不断发展与革新，近年来，打造智慧社区，通过对信息的采集及运用来把握居民诉求并提供精准服务逐渐成为一种常态，如何进一步实现信息资源的开放和共享便成为一个现实的问题。尽管当前各级政府和职能部门都非常重视信息资源的使用，但由于缺乏部门协调和统一规划，在系统建设方面各自为政，导致重复建设和信息孤岛的现象仍然比较突出。很多情况下，上级职能部门的数据不对街道或社区开放，致使部分街道、社区无法将信息集中，不能及时、全面掌握辖区内的居民情况，直接影响了社区自治工作的深入开展。此外，社区内各组织之间，如居委会、社会组织、业主委员会、物业公司、驻区单位等，平时也都掌握着大量的信息和资源，但出于种种利益方面的原因，这些信息之间也往往缺乏有效的互动和共享。社区信息的不统一和不均衡在一定程度上为搭建社区自治和交往平台造成了人为的壁垒，同时也影响了社区参与和自治的整体成效。

三、新时期我国城市社区自治的创新路径

在新的时代背景下，城市社区自治应始终坚持以党的领导为核心，以合理界定各类组织之间的权责关系为关键，以实现政府行政管理职能与社区自治职能双重归位为目标，积极探索建立新型社区服务管理体制，实现政府行政管理和社区自治管理的良性互动。

（一）着力强化社区党组织的核心引领作用

在当前日趋多元的社区自治环境下，我们需要充分发挥社区党组织在社区服务与社区自治中的核心作用，进一步强化党建引领，整合党建资源，巩固党建根基，通过统筹各种党建力量为基层服务，切实做到让党组织在基层工作中唱主角。为此，我们一方面要主动适应新环境、新情况的变化，快速实现基层党组织功能由以领导为主向以领导兼服务为主转变，不断夯实党组织引领城市社区自治的基础和能力；另一方面要建立一支高素质的党务工作者队伍，并使之职业化。尽可能多地吸引高素质人才参与到社区党务工作中来，进一步优化队伍的知识结构和年龄结构，同时加强在岗人员的专业培训，切实提高基层党务工作者协调和处理复杂矛盾的能力。

（二）着力拓展社区自治组织的服务空间

首先，应进一步为社区居委会增权赋能，进一步弱化居委会对政府的行政隶属关系，还原其自治组织的属性。一方面，要明确区属各部门与街道、社区之间的权责划分，切实保障居委会的决策权、财务自主权以及对政府部门的评议监督权等，使居委会真正成为社区自治的执行主体。可建立“条块”职能清单，如职责清单、权责清单、队伍清单和服务清单，实行分类管理，落实部门责任。同时探索实行双向考核制度，逐步转变传统上级考核下级的做法，赋予基层在社会治理中更多的话语权和主动权。另一方面，要尽可能把资源、服务、管理放到基层，使基层有职、有权、有物，更好地为群众提供精准有效的管理和服务。在重心下移的同时，也实现人员下行、资源下沉、政策下调和权力下放，着力解决基层社区权责匹配不合理、协同机制不完善的问题。

其次，应进一步规范和引导社区社会组织的发展。通过积极探索政社合作的途径和

方式，拓展社区社会组织参与基层社会治理的空间。同时，进一步完善相关配套政策，通过资金、人才以及组织规范等方面的引导和扶持，推动社区社会组织的健康有序发展。

最后，应进一步完善现有法律制度，持续激发业主委员会的自治活力。可通过法规、规章、章程的形式赋予业主委员会明晰的权利义务，尽快让业主委员会成为社区自治的责任主体。同时理顺业主委员会与物业公司、居委会和业主之间的关系，从法律上界定并规范彼此的利益边界，通过合理有序的分工与合作实现业主委员会的长效治理。

（三）着力推动社区居民的理性参与

首先，要以社区成员的利益和需求为纽带，鼓励居民积极参与社区公共事务，自觉维护社区公共秩序，着力提升居民参与的主动性和能动性。一方面，注重居民自身素质和修养的提高，培养居民的自治意识和协商、互动、合作、信任的民主习惯，逐步实现社区居民对社区事务的理性参与；另一方面，加强社区的法制宣传教育，引导居民通过合法的途径和方式表达利益诉求、维护合法权利，同时促使社区居民能够正确认识到自身参与社区管理的义务，减轻对政府的依赖，尽量避免因个人的拖延、不配合行为导致的集体利益损失。其次，要积极拓展社区参与渠道，完善参与制度规划和长远设计，妥善处理社区居民参与的增量需求。基层政府要尽量改变被动应对的局面，结合社区特性，主动拓展和开辟方便社区居民参与的途径和方式，创新社区协商议事机制，将时时参与和事事参与作为一项基本的行动准则贯彻到每一项具体工作中去，使社区参与不仅成为一种主动行为，更成为一种持久的社区文化。

（四）着力打造开放共享的社区信息化平台

开放共享的社区信息化平台是新时期有效开展社区自治的坚实保障。为此，应着力打破信息孤岛，实现由分割封闭型信息架构向开放协同型信息架构的根本性转变，推动社区管理的信息共享和无缝对接。一方面，应积极搭建数据交换平台，建立跨层级、跨区域、跨部门的信息采集、交换、共享机制和信息管理体系，包括综合部门的信息、专业部门的信息，以及社区组织、社会组织、驻区单位和社区居民的信息，实现社区、街道和政府职能部门信息系统的有效对接与集成，在为市民提供高效便捷的服务的同时，也为实现社区综合管理、智慧化管理和精细化管理提供全方位的技术与信息支撑。与此同时，还要善于利用 QQ、微信、微博等新媒体互动工具着力打造网上虚拟社区，推动实现社区居民与社区工作者和政府相关职能部门在线上线下的无障碍交流。另一方面，应重视并加强对信息和数据的高效研判与运用。首先，可通过深入挖掘分析数据中的重要信息，从数据中发现规律性和倾向性问题，并以此作为决策基础，及时回应公众诉求，提高公共决策制定和评估的科学化水平。其次，可有效利用大数据做好社区舆情的关联分析，做到精准判断社会风险，同时深入探究风险出现的原因，从源头上有效化解潜在风险，为社区自治创建安定有序的工作环境。

第二节　新时代我国转型社区治理

一、新时代我国转型社区概念

在国家的城镇化发展过程当中常常存在一种社区形式——转型社区，其不仅是城镇化的被动表现方式，同时也是我国户籍政策下的重要产物。这一类的社区，既含有社区的空间特征，同时也有着农村社区的特性。相较于城市社区，转型社区的关系基础依旧是熟人社会；而相较于农村社区，转型社区在物质、生活方式等方面与城市更为接近。为此，本节提及的转型社区主要指的是在城镇化发展过程之中，由传统村庄发展为城市社区的“转变社区”，其源自城中村或其他村落形式。

二、我国转型社区治理面临的现实困境

（一）公共服务失衡

公共服务是社区集体意识的一种主要载体，由于转型社区自身的硬件水平较低，因而与城市社区的设施（公共服务设施等）在数量、质量方面均有很明显的差距。从供给

层面来看，在有限的人力和财力条件下，转型社区只能提供基础的综合性服务；而从供给的主体方面来看，转型社区当中的公共服务主要由政府提供，市场资本在其中并不存在。例如，在一些城市当中，转型社区所提供的公共服务无法满足居民的需求，从而导致公共服务失衡的情况出现。

（二）管理体制不完善

居委会作为一种自治组织，是群众实现自我管理、教育与服务的职能单位，与政府之间具有指导与被指导的关系。转型社区当中的居委会主要由村委会转变而来，在制度改革的情况下各类资源由政府控制，居委会演变成了准政府机构，政府任务的起点变成了居委会。在此之下，社区居委会并未实现职能性质的转变，众多行政事务占据居委会管理空间，导致其无法依据居民要求管理社区。另外，一些转型社区当中的居民很多并不明白居委会的主要职责，导致居委会的作用无法得到充分发挥。

（三）平台建设滞后

我国处于信息技术高速发展的阶段，转型社区居民通过网络与外界展开交流、获得信息、寻求服务等。倘若依旧依靠政府部门对社区管理模式进行创新，将无法破解信息不对称的问题。同时，在实际工作中，居民参与社区治理的热情不高，常常处于被动接受的状态。目前，部分转型社区当中的信息平台建设非常滞后，居民表达诉求的渠道缺失严重，对转型社区的治理效率与水平具有显著影响，智能化社区信息管理系统亟待建立。

三、新时代我国转型社区治理模式创新发展路径

（一）以发展为理念，构建社区治理发展体系

社区治理，其目标集中于发展，社区无法实现有效的发展也就无法实现有效的社区治理，社区治理核心内容是进一步促进社区发展。为此，新时代转型社区的治理工作必须依据“以人为本”的理念，激发社区活力。首先，必须促进街道机制的革新，合理确定街道与社区之间的责任范畴，切实有效地实现管理与服务职权的下移，从而推动治理

资源的下沉，释放出更多的社区活力。全方位促进社区全要素建设，积极推动公共服务、基础设施、文化构建、绿化与安全管理、自治工作等的发展，促进转型社区的进一步发展，让社区成为居民的幸福家园。其次，需积极构建学习型社区，以党组织为中心建立有着共同目标的学习型社区治理制度，确定社区的学习标准与考评体制，确保治理主体的成长与发展。最后，需要深入强化社区的“造血”性能，鼓励社区通过众筹、入股等形式建立社区企业，拓宽经济渠道；鼓励“自生”社会组织的建立，逐步降低社区治理对于政府的依靠，积极寻找转型社区治理的路径。

（二）以服务为抓手，建立服务精准的社区治理机制

服务是转型社区治理的重中之重，因此必须始终以“确保群众的收获感、幸福感”为目标，逐步形成“以人为本”的转型社区治理与服务格局。首先，需要积极构建转型社区质量服务的规范，确保服务具有一定的可及性，制定转型社区质量服务配置机制、社区治理质量规范、服务均衡规范等，形成便民社区服务生活圈。其次，需要对社区治理的服务资源进行相应的整合，整合转型社区当中所含有的公共资源、社会资源、服务资源等，真正实现社区资源与服务的有效利用与供给。再次，需对转型社区服务模式进行更新，加速共享社区治理模式的形成，构建公共资源众筹、众包机制以及分析体系，采用服务成本分担、界限划分、服务定制等方式保证社区服务的高效供应。最后，创新服务形式，实现转型社区治理的“精准性”，将社区原有的“回应”服务转变为“主动”服务，保证治理工作与服务的多样性、多元化、个性化。

（三）以科技为载体，推进智能化转型社区治理体系建设

智能化转型社区治理是现阶段治理工作的重要内容，同时也是保证转型社区治理适应新时代的重要保障。在建设智能化转型社区治理体系的过程中，需要时刻聚焦智慧化这一内容，通过智能化促进公共服务执行、监督等工作，其中的内容大体上包含下列几个方面：

首先，积极进行社区治理大数据平台的构建。将社区作为载体逐步构建治理数据库，对分散于各部门的数据进行有效整合，进而汇集成统一的数据平台。以数据库为基础，

构建科学的决策机制，同时通过数据分析与发掘构建以需求为主要导向的治理机制。此外还需建立精准的社区服务供给体系，利用大数据的研究判断及计算功能，保证精确的社区服务供给，强化社区服务的工作效率。

其次，积极构建“互联网＋”的转型社区服务供给模式。“互联网＋”服务模式的创新发展是现阶段我国进行社区治理服务革新的重要方法。构建“互联网＋”治理服务机制，就需要构建开放的公共服务网络平台，不仅要确保平台具有一定的开放性，保证政府、社会、居民能够开展有效的互动，真正意义上实现资源的共享与工作的对接；而且还需要确保平台具有相当高的智能化水平，设计数据计算模式，建立社区治理服务需求与供给目标匹配机制，保证社区治理服务可以以低成本的方式实现供给。此外，还需要保证平台的可及性，也就是平台需要利用多样化模式开发不同类型的社区治理体系，保证“互联网＋”转型社区治理平台能够惠及每位居民。

最后，积极进行智能化转型社区治理质量全面管理体系建设。质量全面管理，主要源自企业的产品管理工作，其目标主要是对产品进行全程管理和质量优化，实现产品的品质提升，从而实现产品竞争力的提升。质量管理的内容大体上包含以下几点：成员广泛参与、满足客户所需、不断优化组织服务、高管认可与扶持、策略设计。而构建转型社区治理质量的全面管理体系的核心内容在于：第一，不断完善转型社区治理标准规范，制定社区需求与质量控制的双向标准机制；第二，构建全程治理质量管理规范，依据网络平台设计转型社区治理服务全过程的管理平台，严格把控治理关键工作，实现全程监管，促进质量优化；第三，设计实时在线反应机制，在转型社区的治理过程中通过智能化平台进行实时评价与反应，促进转型社区治理服务品质不断优化。

转型社区的治理是新时代城市治理与社会治理工作当中的核心内容，同时也是执行新时代发展理念与思路的关键载体。转型社区治理的工作，不仅需要体现出政治方面的基层人民民主，同时还需要体现出社会多样化主体共同参与、协同发展的工作内容，更需要体现出管理的科学化、专业化。为此，转型社区的治理工作是一项具有较强的系统性的工程，其中不仅涵盖了多元化的要素，同时还包括了对于外界多元化主体及力量的吸收、引导。

第三节　城市社区网格化治理

在当前中国经济社会面临重大转型之际，社会结构也在逐渐发生着变革，公民的思想和观念更是发生了显著的改变。随着生活水平的不断提升，他们参与政治生活的意愿和维护自身权利的意识也更加强烈。在这种背景下，社会管理创新应运而生，城市基层政权的社会职能发挥和城市社区的治理都是社会管理的关键环节，改革传统的基层政权组织和社区的结构模式，建立一套网格化的社会管理模式是城市基层社会管理创新的必然趋势。

一、社区治理创新的理论基础和实践依据

（一）治理理论

当今社会，治理理论已经成为一种社会治理创新的理论依据，它不同于一般的管理，是政府管理的有效补充。具体到社区治理上来说，它可以针对产生的新问题，与社会各方合作，通过协调各方关系，最终解决问题。社区治理的优势是显而易见的：一方面，它可以调动社会各界多方力量参与管理社区事务的积极性，节约管理成本，提高管理绩效；另一方面，它可以有效扫除因为制度设计的不完善而产生的管理盲区。城市社区治理在治理理论的指导下，将地方政府、社会自治组织、社区物业公司、社区内部企业、社区居民等不同主体紧密联系在一起，各方通过持续的互动过程，使社区治理产生高效、积极的效果。

（二）现实需要

现代社会，社区是分布其中的一个个细胞组织，中央倡导的和谐社会归根结底来说就是这些细胞的和谐。近年来，社区治理逐步朝着社会化、规范化、大众化的方向前进，此过程需要人与人、人与事、人与环境的和谐共存。这就对城市社区治理创新提出了更

高的要求。我们不仅要在形式上有所创新，更应该在实际上寻找创新突破口。我们不应该将社区治理仅仅看成政府行政管理的又一种创新形式，而应该将其当作一种多方参与配合的、自发的、有序的管理状态，这是构建和谐城市社区的现实需要。

二、城市网格化管理模式及其特点

社会管理创新涉及各级政府和社会事务的诸多方面，对城市基层政权和社区来说显得尤为重要。在社会管理创新的所有环节中，城市基层政权组织和社区最贴近普通群众，其对社会事务的管理，涉及普通群众的切身利益。另外，城市基层政权组织和社区也是维护社会稳定的重要力量。在社会管理创新的大背景下，城市网格化管理模式凭借新的社会治理的理念以及新的科学技术的发展，将日益取代“各自为政”的传统基层治理模式，逐渐发展成为一套适应新时期、具有新特征的新型基层社会管理模式。

所谓网格化，最初主要用于电子信息技术领域，后来逐渐被引用并改造成为一种政府管理领域的新模式和新方法。而城市网格化管理根据数字化信息管理方法，将城市基层政权所属区域以网格为单位进行划分，使得各网格之间能有效进行信息的交流、资源的共享，以实现城市基层政权组织的扁平化和公共服务的精准化、专业化。当前，很多地区都从当地实际出发，结合国内外成功经验，已经开展或正在着手进行城市网格化管理模式的试点改革。城市网格化管理模式具有一些新的特点，主要表现在：

（一）改变了城市基层政权的组织结构模式

首先，城市的社会管理网格化将促进政府的扁平化管理，在城市网格化局面全面推行以后，城市街道一级的政府将被逐渐撤除，直辖市所辖区、副省级城市和地级市所辖区将直接归城市社区和居民委员会管理，各个社区和居民委员会原街道的所属部门和人员将被全部分摊到城市网格之中，实现“人在网中待，事在网中办”。

其次，社会管理的网格化将有利于实现基层政务的一体化推进。每一个网格中的网格管理员，同时肩负着网格内的所有社会工作。政务部门与网格中的居民就通过这些网格管理员联系，这些网格管理员即成为一个微型的政务处理中心。

（二）实现了由管制向服务的转变

近年来，我国政府已经越来越重视民生问题，社会管理创新就是要以更为科学的手段、更为合理的方式转变社会管理职能，更好地保障民生。与此相适应，我国也在积极地转变政府职能，逐步地向服务型政府发展，而社会管理创新所追求的是我国社会管理体系的现代化重构，具体措施之一就是由管制型政府向服务型政府的根本性转变。城市基层的网格化管理在很大程度上就是一次城市基层政权构建服务型政府的探索，基层政府将与城市居民息息相关的各项政务服务通过网格管理员提供给居民，将被动地对城市居民进行管制性的控制转变为主动地为网格成员开展服务性的管理。

（三）推动了多主体的共同治理，确保了社会的和谐稳定

社会管理创新的另一个现代化举措就是由单一的政府管理转为多元社会主体的共同治理。在城市网格中，基层党组织、政府部门、居民自治组织以及居民自身都是网格中的一个环节，是网格化管理的平等参与主体，共同参与管理网格中的一切社会事务。这种网格化的城市管理模式，也为新时期、新形势下党的执政能力的转变提供了有力支持，将传统的党对具体事务的领导转变为一种宏观上的指导，党组织也不是凌驾于网格之上的，而是存在于网格之中的，和网格中的其他主体一起以平等的社会身份参与具体事务的管理。这种转变更有利于体现人民的社会主体地位，更便于最基层居民表达自己的诉求，同时也能在一定程度上稳定基层社会的秩序。

三、百步亭社区创新治理模式的具体做法

百步亭社区是武汉市内最大的安居示范工程，也是荣获首届“中国人居环境范例奖”的唯一社区。百步亭社区治理模式是在社会主义民主政治和市场经济相结合的大环境、大背景下诞生的创新产物，该社区治理创新模式既满足了政府对企业合理放权和政治稳定的需要，又满足了居民要求基层社区民主自治的合理愿望。百步亭模式为研究新时期城市社区治理提供了诸多可借鉴的思路和经验，主要做法如下：

（一）创新党建工作，发挥社区党委领导作用

百步亭社区党委对社区党组织建设高度重视，始终将其作为核心工作来抓。为了使社区党建走出一条富有成效的路径，社区党委从实际出发，创新性地将党组织的功能定位为从全面领导社区治理的“体制保证型”向“功能作用型”转变。为此，社区党委建立了区域化的党组织网络，将支部建在居委会，将党小组建在楼栋。这样一个通过整合后的区域性网状组织体系有利于党组织活动的正常开展以及党中央精神的高效、准确传达，确保了社区党委在社区建设和治理中的领导核心作用。百步亭社区治理创新模式的重要贡献就在于真正搞清楚了社区党委到底应该发挥什么作用，如何层层渗透进基层居民的日常生活中，如何在领导者和协调者的角色中灵活自如地转换。

（二）创新管理体制，发挥管委会统领作用

百步亭社区在管理体制上做了大胆尝试，强化和丰富了各职能部门的主要职责。社区管理委员会由社区内各组织机构成员和业主代表构成，通过上级江岸区政府的授权，代为履行服务型政府的管理职能。物业管理公司积极参与社区治理。一方面，物业公司员工在社区工作，对社区居民的情况非常了解；另一方面，物业公司专业性较强，能为社区居民提供专业化的服务，又可化解社区居民的生活矛盾，既减轻了管委会的工作压力，又使社区物业与业主的关系变得密切，还发展了服务型产业。

（三）创新开发建设理念，发挥企业主导作用

百步亭集团全权负责百步亭社区的各项管理工作，就打破了社区治理一直以来以行政化管理为主的局面，而转向以创新型市场化经营为主。百步亭社区治理模式的优点在于吸收了社会上有实力的企业参与社会治理，运用市场的力量来配置社会资源，和传统的行政化管理相比，不仅提高了管理效率，还减少了政府的行政开支。百步亭模式的经验表明，在城市社区治理上，政府可以调动社会上有实力的企业参与进来，通过使企业充分发挥经济实力，以更加合理地配置社会资源，进而达到建设城市、治理社区、服务人民的目的。这样可以解决诸如规划难制定、审批难落实、资金难到位、公共设施难完善等现实困难，实现政府、企业、居民三方“共赢”的良好局面。企业通过参与社区治

理，不仅自身得到了丰厚的利润，还得到了社会的高度关注以及政府各项政策的扶持。

（四）创新“志愿者”概念，发挥居民协同治理作用

百步亭社区创新“志愿者”概念，将社区党委、社区管理委员会、物业公司、居委会、自治组织等部门的全部工作人员以及社区居民全部定义为志愿者，这样就出现了社区内人人都是志愿者、人人都主动提供志愿服务的良好局面。自治组织和社区居民是提供志愿服务的主力军，承担了大量社区治理志愿服务的职能，却不在社区拿工资，大大节约了政府的人力成本。通过志愿者概念的创新，百步亭社区发挥了政府、企业、居民、社会组织等的多元协同治理作用。在志愿服务的需求上，由于志愿者来自各行各业，掌握着不同的工作技能，可以满足居民个性化的需求。在志愿者的激励上，社区对优秀志愿者采取了诸如免费体检、免费旅游等一系列激励措施，不断激发志愿者的服务热情。在志愿者的培训上，社区定期组织各种讲座，不断提高志愿者的服务技能。

四、完善我国城市网格化治理的深度思考

现代社会科技日益发达，信息瞬息万变，政府的社会管理方式也面临着巨大的挑战。就基层政府的城市网格化管理来看，也同样面临着较大的挑战和较高的要求。例如，网格化所要求的数据信息的处理越来越细化，部分发达地区甚至将网格化和数字化相结合，打造出一套高质量的数字化城市网格管理模式。因此，网格化面临的一个重大的挑战就在于需要发达的信息技术的支撑。另外，除了技术因素外，网格化也同样面临着来自社会环境变化的挑战，例如，流动人口管理的压力。此外，我国的城市居民社会保障体系还不健全，如何将网格化管理与社会保障制度挂钩也是值得商榷的课题。

（一）城市的网格化管理要始终坚持民生的价值导向

当今社会，民生问题日益成为社会管理的焦点问题，推进城市的网格化管理必须坚持民生的价值导向。首先，城市的网格化管理是城市基层政权组织创新社会管理的手段，而基层政府最贴近人民群众，所涉及的公共服务都是与城市居民直接相关的民生问题，

例如，城市居民对居住环境的安全、美化等方面的要求，又如，流动人口和农民工等如何在所居住城市获得相应的保障等社会问题。这些问题看似琐碎，但是否处理得当却关系到人民群众的切身利益，进而体现出政府的社会管理水平和党的执政能力。其次，社会管理创新的根本目标就是要实现人民群众的幸福安康，因此，城市的网格化管理作为基层政府创新社会管理的举措，就必然要坚持民生的价值导向，将人民群众最关心的社会民生问题作为城市网格化管理的方向性问题。

（二）城市的网格化管理要加快配套的软硬件设施建设

城市网格化管理的实施成效如何在很大程度上取决于相配套的软硬件技术的发展程度。首先，与城市管理网格化相配套的软件条件包括制度、组织、资金、人事等的配备。城市网格化如果一旦在全国全面推广，将从根本上改变现有的行政体制格局，城市的政权组织将实现全面的扁平化管理，基层组织的人权、事权、财权将重新分配。因此，如何建立健全与城市网格化相适应的保障制度，如何构建城市网格化的组织体系，如何处理好原有的人权、事权和财权的重构等都是城市网格化过程中值得重视的软件条件。其次，与城市网格化管理相配套的硬件条件主要是指相应的信息技术的支撑。城市的网格化是一种建立在现代信息技术发展上的新型管理模式，其实施的必不可少的条件就在于现代信息技术能够对网格化面临的众多复杂的数据信息进行系统的管理，并能为上下之间信息的互通提供更为有利和便捷的途径。

第四节　“五社联动”社区模式

湖北省武汉市在疫情防控及后疫情时代的社区治理中，在“三社联动”的基础上，充分发挥志愿者和公益慈善资源的作用，构建了“五社联动”服务模式。依托“阿里公益·五社一心·爱满江城”等项目，武汉市动员社区组织，引入慈善资金支持，对重点人群开展心理疏导社会工作服务，通过链接各方资源和提供立体化、专业化、全过程的专业服务，为服务对象赋权增能，帮助其摆脱生活和情绪困境，改变生活环境，提高生活质量。

一、“五社联动”的主要特点

“五社联动”以社区为平台、社会工作者为支撑、社会组织为载体、社区志愿者为辅助、社区公益慈善资源为补充，以满足社区居民需求为导向，通过社工提供专业化、有针对性的服务，使矛盾在社区化解，使多元服务供给在社区实现。“五社联动”是创新基层社会治理、激发社会活力的内在要求，是完善社区服务体系、回应居民服务需求的重要途径，是完善共建、共治、共享的社会治理制度的重要方法。

具体而言，武汉市依托街道社会工作服务中心和社区社会工作服务站，以社区为阵地，组建包括社区工作者、社会工作者、志愿者在内的服务团队，采取“五社联动”服务方式，发挥社区工作者的服务协调作用、社会工作专业人才的支撑作用、社区志愿者的辅助作用、社区社会组织的载体作用、社区公益慈善资源的补充作用，根据社区实际状况和服务对象的特点，准确评估服务对象的需求，制定和实施个性化的服务策略，满足社区居民需要。

二、“五社联动”的运行机制

武汉市通过“五社联动”整合和协调多种资源，满足服务对象的需求，初步探索出“五社联动”的运行机制，具体表现为以下几个方面：

第一，强化基层党建引领作用。充分发挥党建在基层治理中的引领作用，把党建贯穿于社区治理和服务创新的全过程，积极组织党员干部走进社区、走近群众、组织群众，促进形成社会组织与基层党组织价值同向、目标同向、工作联议、项目联作、党员联管及场地、资金、人才相互支持的格局。

第二，搭建五社联动平台。通过加强社区活动阵地建设，比如建立社区活动中心和社工服务中心等，为社区居民和社会组织开展社区活动提供平台。社区“两委”、社区社会组织、社会工作者、社区居民组成的志愿者团队以及爱心企业等互动合作，通过社区走访、开展社区活动，将社区作为有效凝聚社区居民的前沿阵地，共同满足社区居民的需求，推动社区的发展。

第三，促进五社服务协同。连接社区主体、社区志愿者、社区社会组织，充分整合政府、企业、社会力量等多渠道资源，倡导公益理念，促进多方参与，进一步扩充联动主体，增强服务力量。

第四，突出社会工作者的引领作用。社会工作者利用专业优势，整合资源网络，为社区居民提供物质帮扶、情绪缓释、关系调适、能力提升等服务，营造积极乐观、互帮互助的社区氛围，增强居民的责任感和参与感。社会工作者注重培育和发展社区社会组织，以组织化的形式聚集社区居民，通过设立共同目标动员居民参与集体行动，探索建立矛盾调处和社区协商机制，鼓励居民自主解决社区问题，培养社区居民参与社区公共事务的理念和能力。

三、“五社联动”的发展路径

“五社联动”构建了多元主体参与社区治理的平台，打通了社区资源整合路径，促进了多元主体参与和共享资源，实现了多方共赢，社区社会组织日趋活跃，志愿者服务热情高涨，社区公益慈善资源不断汇聚，社区服务更加精准化和专业化。要进一步推动“五社联动”各要素的发展和协作，充分发挥其在社区建设和基层社会治理现代化发展中的功能，还需要从以下几个方面发力：

第一，明晰角色定位，明确各主体的权责边界。社区是“五社联动”中重要的场域和平台，要引导更多社区居民参与到社区建设和社区治理当中，培养社区居民的主人翁意识。社会工作者在“五社联动”中承担着专业的角色，为居民提供专业化服务。社区社会组织在“五社联动”中承担承接的角色，作为公共服务的提供方和社区服务的承接方，为社区居民提供精细化的服务，降低政府服务成本，培育社区精英，带动居民参与社区事务。社区志愿者在“五社联动”中担任互动的角色，充分发挥社区居民参与社区公共事务的积极作用，进一步培育居民的公民意识。社区公益慈善资源在“五社联动”

中发挥辅助作用，能有效提高社区的资源支配能力，解决由政府购买服务项目资金投入不足的问题，实现资源有效链接。

第二，培育公共精神，挖掘社会参与的内生性力量。激发社会主体参与社区治理的积极性最主要的是塑造社区居民的“主体意识”，帮助社区居民认识其在社区治理中的重要作用，使其增强自治理念。培养社会主体的参与能力，培育社区能人和精英，扩大社区居民参与治理的队伍。营造社会参与的文化氛围，大力宣传社会力量参与治理的先进人物和事迹，在全社会营造关心、支持、参与社区治理的氛围。在基层社区治理中，也要注重对外部各项资源的引入，通过增强参与主体的多元化和资源的多样化，来提升“五社联动”的治理和服务效能。

第三，引进专业力量，提升社区治理的专业化水平。社会工作者以其专业的工作方法和专注于服务的发展理念，逐渐成为提供社会服务、满足各类群体服务需求以及预防、解决社会问题的重要力量。因此，要注重引进各方专业力量特别是社会工作者的专业力量，来提升社区治理的专业化水平。通过人才引进和政策激励壮大社区治理的专业化队伍，完善社会工作服务购买机制建设，增强社区治理的专业力量。同时，通过社会工作的职业化和岗位设定，将社会工作等方面的专业人才下沉至社区，以提升社区治理的专业化水平。

第四，发展社会组织，提高社会的自组织能力。首先坚持社会组织的发展理念，发挥社会组织的专业优势，争取获得群众和政府的认可，从而使其在社区治理中获得主动权。其次要提升社会组织的资源汲取能力。社会组织可以在推行政府购买的普惠性服务的同时，主动寻求多方合作，加强对社会和市场资源的挖掘，打破对政府的资源依赖。最后，要加强组织建设，提升社会组织自我管理的水平，发挥行业协会的引导和凝聚作用，增强社会组织的影响力和话语权。

第五，健全联动机制，推动“五社联动”常态化发展。不断完善“五社联动”的相关政策制度，一方面为各主体参与社区治理赋权，提高各主体参与社区自治的能力，完善主体间横向协作机制；另一方面为各主体参与社区治理提供行为准则和行动指南，拓展其参与社区治理的合法性空间。同时，要鼓励各社会力量积极参与社区治理，加快构建政府主导与社会参与结合、政府行政功能和社会自治功能互补、政府管理力量与社会调节力量互动的基层社会治理新格局。

第五节 社区管理实践

安居乐业是人民拥有幸福感与获得感的基础标准，然而，社区物业管理矛盾长期以来都是业主与管理公司的一个“心病”。如何破解物业管理难题，让社区居民形成和谐睦邻的关系？2018 年初，福州天福集团率先创造性地提出“美好生活家园”开发运营模式，将传统的“社区物业管理模式”改变为“社区运营服务模式”，即将住宅社区当作一家企业来运营，从住宅社区规划配套、工程建设、商品销售到社区固定资产和流动资产的配置、运营、管理和监督等方面进行了理论研究和具体实践，通过社区运营，实现社区收支平衡，做到业主终身免交物业费，打破物业公司与业主之间交易和雇佣关系的壁垒，从根本上解决业主与物业公司两者之间的冲突和矛盾，营造一个全体业主共同参与社区自治的良好氛围，从而破解物业管理行业长期难以解决的难题，实现社区人人为我、我为人人的可持续发展模式，提高业主的获得感和幸福感。

天福集团的改革创新并非空穴来风。在现实生活中，社区物业管理矛盾一直是个长期难以解决的社会问题。物业公司收取物业费不到位（平均收费率为 85%），为了保本而降低服务标准；业主对服务不满意而拒交物业费，形成恶性循环，成为住宅社区物业管理的痛点。根据 2019 年 6 月 1 日中国小康网的数据，2019 中国居住小康指数为 90.2 分，人们关于目前居住条件与环境的“十大不满”之首就是物业管理，人们对物业公司最不满意的是服务不好，所占比率为 75.4%。

正是基于传统“物业管理模式”雇佣关系的先天缺陷，业主与物业企业之间常常形成矛盾对立的局面，于是上述“业主不满意—物业难收费—服务降水准”的恶性循环就成为一个难解的结。而天福集团倡导的“社区运营服务模式”则创造性地把社区当作一个企业来运营，与业主及一些专业机构，通过“共建、共营、共享”（以下简称“三共”）的方式，让中低收入群众买得起、住得起住房，过上美好生活，实现各方的可持续发展，同时也突破了传统物业的三大壁垒，即“交易、雇佣关系壁垒”“邻里之间人情冷漠壁垒”和“传统物业管理模式固化壁垒”。

事实证明，在一些历史性、长期性的难题面前，往往只有创新才是终极的解决之道。天福集团将传统的“社区物业管理模式”变为“社区运营服务模式”，将美好生活家园住宅社区当作一家企业来运营，在理论体系与实践模式上，都走出了一条特色鲜明且切实可行的破局与升级之路。

一、核心理念：与企业运营相吻合的“三共”理念

通过将美好生活家园社区当作一家企业来运营，天福集团成功找到了独具特色的可持续运营社区的理论体系和实践模式。以上理论体系与实践模式建立的核心理念，可以归结为“三共”，即“共建、共营、共享”。而通过对这“三共”理念的分析，我们可以发现其与企业运营内核的高度相似性，这一核心共鸣成为“社区运营服务模式”理论存在的基础，并在实践中产生同频共振。

一是“共建”，是指开发公司无偿赠给社区业主的幸福基本资金（简称“幸福基金”），含固定资产和流动资金，由社区业主委托给美好生活家园商业运营管理有限公司（以下简称“运营公司”）运营获得收益，用于冲抵本社区的物业管理服务费用。幸福基金包含两项内容，其一是共有幸福基金，由开发企业按住宅建筑面积的 3%提供商业配套用房，无偿提供给全体业主，作为社区运营的固定资产；其二是配套幸福基金，根据项目具体情况，开发企业给每位住宅业主无偿提供每平方米 30～100 元的运营社区的流动资金。以上两项幸福基金构成了美好生活家园社区运营的基本保障。“共建”可以类比为企业运营中的“入股”。即开发企业无偿提供给全体业主“真金白银”（幸福基金），拿出了商铺店面和现金作为业主对社区这个“企业”的投资，所有权归业主，广大业主成了社区这个“企业”的主人，即所有者、股东。同时，业主成立了幸福基金理事会，即这个“企业”的“董事会”，是代表全体业主行使所有权的最高决策机构。业主将社区这个“企业”交给美好生活家园运营公司进行运营，让以上资产价值得到最大程度的发挥与增值，并把社区这家“企业”运营好，让所有业主（股东）获得幸福，享受包括

物业服务在内的50项终身免费服务，进而形成和谐的人文社区。

二是“共营”，共营即社区自治运营。2019年3月12日，时任中华人民共和国住房和城乡建设部部长的王蒙徽强调：“发动群众共建共治共享，共同建设自己的美好家园。”运营公司通过自愿劳动和有偿服务相结合的形式，鼓励业主共同参与社区日常管理，如义工式的劳动形式能够使业主通过提供服务换取幸福积分，业主使用幸福积分可以在社区中购买服务或进行日常消费……“共营”的目的是实现社区“人人为我、我为人人”的可持续发展模式，营造全体业主共同参与社区自治的良好氛围，逐步做到自己的社区自己管，人人爱护自己的美好家园。“共营”可以类比为企业运营中的“众包”制度，即分块自治（或半自治），明确各方的责任和权利，通过制度、协议等约束，实现公平、公开、公正，使得社区实现“自己的家园自己管”。

三是“共享”，是指开发商和业主共同享受新型运营模式带来的改革红利。天福集团作为美好生活家园项目的开发公司，主动让利给业主，为社区全体业主建立“幸福基金”，把这笔资产的运营收益作为业主享受免交物业费的基础。运营公司将以共有商业资产为基础，在确保业主免交物业费的同时，还创建了社区邻里互动空间，运营公司无偿为互动空间提供优质服务，让全年龄段的业主都喜欢到这里学习娱乐、健身养生。运营公司将定期举办公益性的社群文化活动，让社区的孩子们有“快乐伙伴群”，家长们有“共享邻里群”，老人们有“不老生活群”，构建幸福和谐的社区大家庭。“共享”可以类比为企业运营中的“分红”制度，即由于合作各方在事前有明确的约定，业主将开发商无偿提供的幸福基金交由运营公司负责运营，运营公司确保提供包括物业服务在内的50项免费服务。因此，业主这个“股东”的收益包括资产增值、服务增值、文化增值等。

二、理论模型：以企业运营手段来运营社区

运营一个企业要考虑什么？目标与实施、成本与利润、风险与管控、激励与惩罚等。那么，天福集团“美好生活家园”也同样可以运用这些方法来对社区展开运营，因为其原理完全是相通的。

在目标与实施上，“终身免收物业费”“买得起、住得起”的目标要想能够实现，离不开整个社区的良好运营。因此，收益必须持续为正，覆盖成本，于是大家心往一处想，劲往一处使，目标一致，通过专业化的分工、委托等实施手段，让专业的人（公司）做专业的事，让钱生钱，最大化实现社区运营收益。

在成本与利润上，业主通过家园自治、半自治，人人爱护和管理自己的家园，义工、社区互助、技能互换、时间银行等举措，让社区的运营成本实现最小化。这样可以实现成本与收益之间良性循环的自洽，实现长治久安、长远发展、各方共赢。

在风险与管控上，通过财务公开、服务公示，业主委员会及其主导的幸福基金管理委员会当家作主，对幸福基金的重要事项行使决定权，实现公开透明的监督与管控，保障社区像企业一样正常运转。

在激励与惩罚上，运营服务公司与业主的关系类似于企业与经营团队的众包关系。现代型企业经营的核心并不在于企业主的管理手段如何高明，而在于充分调动经营团队的积极性。在天福美好生活家园，由于社区运营的成本、收益与每一位业主息息相关，因此所有业主负有社区治理的责任。因此，大家的积极性与责任心被充分调动起来，一心一意共谋发展。一旦运营的过程中发现经营不善，业主与运营服务公司将会及时研究商讨调整方案。若运营公司始终无法与业主共同实现社区的良性运营，则业主可对运营服务公司实施撤换等惩罚。

三、实践模式：六大举措合力破局

（一）重塑双方关系，形成运营合力

传统物业与业主的关系是通过缴纳物业费的形式构成的彼此之间的“交易和雇佣关系”。这种关系可能是引起物业公司和业主之间不和谐的主要因素。所以，天福集团打破这种交易、雇佣的壁垒，实施“终身免收物业费”等多项免费措施，物业人员和业主没有了利益冲突，形成了企业股东一般的合作关系，他们之间甚至能形成互助互动、共创和谐的物业服务氛围。

（二）开发商无偿提供资产，作为社区运营资本

开发公司无偿提供给社区业主的幸福基金，由社区业主通过委托给美好生活家园运营服务公司运营获得收益，该收益归全体业主所有，用于社区管理的服务支出。幸福基金可以通过固定资产的出租、广告位的运营以及流动资金的投资等多元渠道产生收益，从而构成美好生活家园社区运营的基本保障。

（三）倡导业主自治，降低运营成本

美好生活家园倡导和谐自治的“共建、共营、共享”理念，运营公司通过幸福积分等形式引导业主参与社区共建活动，以美好生活 App 为载体，以发放、奖励幸福积分的形式，每周推出若干诸如“幸福悬赏”“幸福钟点工”“幸福义工”“幸福邻居”的活动引导业主利用业余时间参与劳动，在享受劳动带来的快乐的同时获得幸福积分，使业主既参与了公益活动，又增加了家庭收入，这种方式不仅能提升业主的幸福感，也能降低小区物业管理成本。相关数据显示，同传统的管理模式相比，业主自主管理下的物业管理费可节省 30%～40%，维修基金可节省 50%～60%，这笔可观的费用可大大改善小区的软硬件设施。

（四）整合专业机构，提升服务水平

五大中心、十大配套是美好生活家园的一大亮点，而教育、医疗、养老、创业、休闲、体育、文化等产业蕴含着的巨大商机，不是一家机构能够独占的，这就需要让各类商家都参与进来，充分发挥市场的力量，专业的事交给专业的人或机构去做，既能全面提升社区的服务水平，同时也能更好地满足人民群众全方位的生活需求。这些商家都是福州天福集团二十多年来长期合作的伙伴，有能力共同把社区这个“企业”运营好。

（五）强化阳光监督，实现公平公正

业主购房时与美好生活家园运营公司签订委托合同，将开发公司提供给业主的幸福基金资产委托给天福集团运营公司进行高效管理。

双方自愿签订《物业管理服务协议》《委托运营管理合同》《幸福基本资金章程》

《住宅小区管理规约》等一系列文书，以保障业主取得开发公司所提供的幸福基金资产的合法性。同时，运营公司也接受政府、幸福基金理事会、业主委员会的监督和管理，形成有效监督机制。

运营公司本着财务账目公开的原则，将物业收支情况、每季度财务数据予以公示。幸福基金理事会制定《幸福基本资金章程》和《幸福基本资金财务制度》，对运营管理过程进行有效监督。充分取得业主的信任是美好生活家园自治运营的根基。

业主的权益通过双方签订的《物业管理服务协议》《委托运营管理合同》等一系列文书获得保障。对于免收物业费范围、物业服务标准、多项免费服务等与业主息息相关的事项，运营公司在社区物业服务过程中予以公示，做到透明公开，让全体业主明明白白免交费、家家户户共享美好生活。

（六）充分考察市场，汲取成功经验

天福美好生活家园的运营模式不仅有自身理论与实践的探索，也借鉴了全国文明社区的成功案例——武汉市江岸区百步亭大型社区、成都高新区安公大型社区等。例如，前者采取了三方联动（社区居委会党支部、物业运营公司、业主委员会）、协同作战，服务人民群众的最后“一百米”等创新举措；后者的“五线工作法”“智能化社区联动”等做法，都给了天福很好的启示。美好生活家园项目也在充分考察借鉴的基础上，结合自身特点进行了切合实际的优化。

参考文献

[1] 班保申. 社区文化的涵义、特征与功能[J]. 学术交流，2012（12）：151-154.

[2] 北京市民政局. 社区治理服务模式探索[M]. 北京：北京出版社，2016.

[3] 曾燕南. 城市社区转型与居民区物业管理的困境：以哈尔滨市为例[J]. 华东理工大学学报（社会科学版），2014，29（05）：95-100.

[4] 陈财灯. 免收物业费社区物业管理模式新变革[J]. 人民周刊，2019（18）：90-93.

[5] 陈灿辉. 中山市在城市化过程中的村改居问题研究[D]. 兰州：兰州大学，2008.

[6] 陈晓航. 美好生活家园，以创新引领变革[J]. 人民周刊，2019（23）：94-95.

[7] 陈雅丽. 国外社区服务相关研究综述[J]. 新华文摘，2007（04）：173-176.

[8] 陈元刚，秦雷，漆晓均. 重庆市社区养老服务保障系统建构[M]. 天津：天津科学技术出版社，2012.

[9] 陈治桃，宋文祥，黄丽华. 五型社区 城市社区社会治理新模式[M]. 广州：广东人民出版社，2013.

[10] 储水江，徐旭. 国内外城市社区建设与管理的经验及其启示[J]. 芜湖职业技术学院学报，2014，16（02）：41-46.

[11] 楚真，车卉. 新时代我国转型社区治理模式创新研究[J]. 科技风，2021（18）：171-172.

[12] 丁茂战. 我国城市社区管理体制改革研究[M]. 北京：中国经济出版社，2009.

[13] 丁云. 城市社区公园运营管理创新模式的提出与定义[J]. 消费导刊，2020（39）：288.

[14] 杜春梅. 新型城镇化背景下社区自治路径的地方探索：以广东省中山市为例[J]. 中国民政，2015（14）：33-34.

[15] 范娜娜. 现代城市社区物业管理服务创新模式研究[J]. 广东交通职业技术学院学报，2020，19（01）：51-54.

[16] 高黎. 城市社区管理中存在的问题与对策研究[J]. 农家参谋，2019（16）：231-232.

[17] 高占祥. 论社区文化[M]. 北京：文化艺术出版社，1994.

[18] 胡锦．一核多元：南山社区治理模式创新[M]．深圳：海天出版社，2015.

[19] 胡敏捷. 社区定义辨析[J]. 安庆师范学院学报（社会科学版），2010，29（02）：40-44.

[20] 黄维民. 现代化的城市社区治理架构探析[J]. 国家治理，2015（34）：29-35.

[21] 黄文，黄盛. 城市社区网格化治理创新模式及思考[J]. 中国经贸导刊，2016（11）：41-43.

[22] 蹇洁，温平川，刘显忠. 社区信息化建设与发展范例[M]. 北京：人民邮电出版社，2008.

[23] 黎智洪. 从管理到治理 我国城市社区管理模式转型研究[M]. 北京：经济日报出版社，2014.

[24] 李春玲. 我国城市社区管理中存在的问题及对策研究[J]. 中国城市经济，2011（12）：31.

[25] 李东光. 北京市世界城市建设与和谐民族关系构建相关性研究[M]. 北京：中央民族大学出版社，2014.

[26] 李凤琴. 从权威控制到体制吸纳：中国城市社区公共服务模式转变研究[D]. 南京：南京大学，2017.

[27] 李凤琴. 国外城市社区公共服务研究综述[J]. 广东青年干部学院学报，2011，25（03）：37-42.

[28] 李建玲. 社会工作参与社区治理的功能定位与途径创新[J]. 河南工程学院学报（社会科学版），2017，32（01）：30-34.

[29] 林雅华. 破局与升级：从社区管理到社区运营[J]. 人民周刊，2020（01）：88-89.

[30] 刘娜. 国外城市社区共同体的研究与重构[J]. 新生代，2018（17）：1672-9293.

[31] 刘小钧. 论社区善治的要素整合及理论特质[J]. 湖北经济学院学报(人文社会科学版)，2019，16（05）：10-12.

[32] 刘小钧. 社会建设背景下城市社区善治研究[D]．江西：江西师范大学，2019.

[33] 刘渝辰. 浅析国内城市社区管理模式[J]. 科技创业月刊，2016，29（06）：85-86.
[34] 娄成武，孙萍. 社区管理学[M]. 北京：高等教育出版社，2012.
[35] 卢汉龙. 中国城市社区的治理模式[J]. 上海行政学院学报，2004（01）：56-65.
[36] 卢元镇. 中国职工体育全书[M]. 北京：红旗出版社，1997.
[37] 倪梅生. 城市既有社区规划改造提升方式研究[J]. 城镇建设，2018（11）.
[38] 倪咸林. 城市核心区社区治理模式创新研究[J]. 行政管理改革，2018（01）：48-53.
[39] 潘黎黎. 稳步发展中的物业管理行业[J]. 成才与就业，2009（12）：22-23.
[40] 祁小燕. 浅析我国城市社区规划的现状及发展趋势[J]. 商场现代化，2010（21）：42.
[41] 秦萧，甄峰，熊丽芳，等. 大数据时代城市时空间行为研究方法[J]. 地理科学进展，2013，32（09）：1352-1361.
[42] 石国亮. 论社区建构的过程[J]. 理论与改革，2012（03）：92-95.
[43] 孙小逸著. 城市社区治理 上海的经验[M]. 上海：上海人民出版社,2017. 12.
[44] 覃国慈. 发展社区治理的实证研究[M]. 武汉：湖北人民出版社,2018. 05.
[45] 覃志勇. 对我国城市社区体育现状及发展趋势的研究[J]. 文体用品与科技，2021（13）：78-79.
[46] 汤文隽，陶迎春. 城市社区文化建设的基本原则和措施[J]. 赤峰学院学报(汉文哲学社会科学版)，2016，37（04）：116-118.
[47] 汤文隽. 我国城市社区文化建设的立体式模式建构[J]. 滁州学院学报，2016，18（01）：13-16.
[48] 唐雅雯，魏开. 国内社区营造实践与研究[J]. 城市住宅，2019，26（02）：157-159.
[49] 唐雅雯. 艺术介入的都市型社区营造：台湾内坜里、竹围和广州竹丝岗的比较研究[D]. 广东：华南理工大学，2019.
[50] 万玲. 新时期我国城市社区自治的实践困境与创新路径[J]. 大连干部学刊，2019，35（04）：42-46.
[51] 王凯珍. 我国城市社区体育的现状及发展趋势[J]. 体育科学，1997（05）：6-10.
[52] 王焱. 健全和完善城市社区党组织功能的思考[D]. 长春：中共吉林省委党校，2010.
[53] 王杨. 社会工作参与社区治理的行动策略：以全国首个城市“慈善社区”试点创建项

目为例[J]. 中州学刊，2016（07）：77-81.

[54] 王柱国. 和谐社会视阈下的社区工作者队伍建设研究：以湖州市吴兴区为例[J]. 湖州职业技术学院学报，2010，8（04）：87-91.

[55] 魏娜. 我国城市社区治理模式：发展演变与制度创新[J]. 中国人民大学学报，2003（01）：135-140.

[56] 魏源，赵晖. 社会管理创新视角下的网格化治理模式研究[J]. 湖北民族学院学报(哲学社会科学版)，2013，31（06）：64-66＋128.

[57] 吴甜甜. 城市社区医养结合供给模式创新研究[J]. 区域治理，2020（39）：39-40.

[58] 吴文钰. 国外城市社区的多元互补共治模式及其启示[J]. 上海城市管理，2011，20（04）：40-43.

[59] 吴雪蓉. 城市社区管理模式改革的新途径："议行分设"社区管理模式的探讨[D]. 厦门：厦门大学，2008.

[60] 夏建忠. 中国城市社区治理结构研究[M]. 北京：中国人民大学出版社，2011.

[61] 谢守红. 城市社区发展与社区规划[M]. 北京：中国物资出版社，2008.

[62] 谢旭东. 社区体育论[M]. 济南：黄河出版社，2007.

[63] 谢耀良. 探究社区体育新模式[J]. 内江科技，2020，41(11)：57-150.

[64] 徐丽娟. 城市社区管理中存在的问题与对策研究[J]. 牡丹江大学学报，2014，23（06）：139-141＋144.

[65] 徐永祥. 社区工作[M]. 北京：高等教育出版社,2004. 10.

[66] 许宝君. 社区治理专业化：要素构成、误区甄别与实践路径[J]. 中州学刊，2020（07）：83-90.

[67] 闫臻. 嵌入社区治理中的专业社会工作介入：以天津 KC 社区为例[J]. 华东理工大学学报（社会科学版），2016，31（01）：46-55＋61.

[68] 杨晓莉. 我国智慧社区的发展现状及应对措施[J]. 产业与科技论坛，2018，17（14）：224-225.

[69] 于显洋，任丹怡. 社区研究方法：反思、实践与讨论[J]. 学习与探索，2019（09）：51-57＋191.

[70] 于燕燕，卓思廉，陈漭主编. 社区管理[M]. 北京：北京邮电大学出版社,2011.
[71] 俞可平. 治理与善治[M]. 北京：社会科学文献出版社，2000.
[72] 张德法. 浅析我国社区教育现状及发展趋势[J]. 文教资料，2015（24）：158-159.
[73] 张康之，石国亮. 国外社区治理自治与合作[M]. 北京：中国言实出版社，2012.
[74] 张瑞. 城市社区管理体制改革研究[J]. 长江丛刊，2020（10）：141-142.
[75] 张伟兵. 社区服务发展中"居民参与"问题的思考[J]. 科学·经济·社会，2002（02）：50-54.
[76] 赵定东，杨政. 社区理论的研究理路与"中国局限"[J]. 复印报刊资料(社会学)，2010（01）：88-91.
[77] 赵定东，杨政. 社区理论的研究理路与"中国局限"[J]. 江海学刊，2010（02）：132-136.
[78] 郑杭生. 社会学概论新修[M]. 北京：中国人民大学出版社，2013.
[79] 郑家杰. 城市社区治理创新模式研究—以百步亭社区治理模式为例[J]. 长沙大学学报，2014，28（04）：37-39.
[80] 周亚琴. 江苏省城市社区体育健身服务的现状及发展趋势[J]. 湖北体育科技，2003（04）：526-528.
[81] 朱天培. 转型期社区面临的挑战及管理创新[J]. 四川行政学院学报，2012（06）：76-80.